dtv

Wie reagieren, wenn der geliebte Hamster eines Morgens tot im Käfig liegt? Oder wie den längst fälligen Abschied vom Schnuller endlich durchsetzen? Was tun, wenn das Kleinkind das Baby schlägt oder der Nikolausbesuch mit Frust und Tränen endet? Wie den Mathe-Sechser verarbeiten oder gegen Erpressung auf dem Schulhof vorgehen?

›Der kleine Kindertherapeut‹ bietet Eltern schnellen Rat und erste Hilfe, wenn ihre Kinder in kleinere oder größere seelische Nöte geraten. Die 33 Beispiele sind nicht nur repräsentative Fälle für das Kleinkind-, Schul- und Jugendalter, sie sind auch so gewählt, dass Eltern am Modell lernen und dabei Krisenkompetenz erwerben können. Die vorgeschlagenen Erste-Hilfe-Maßnahmen sind in jahrelanger Praxiserfahrung erprobt und gründen auf aktuellen Erkenntnissen der Traumaforschung. Ein unentbehrlicher Begleiter in Mamas Hand- und Papas Westentasche!

Dr. Johannes Wilkes, Jahrgang 1961, war Oberarzt in der Abteilung für Kinder- und Jugendpsychiatrie und -psychotherapie an der Universität Erlangen-Nürnberg. Heute führt der Vater von drei Kindern eine sozialpsychiatrische Praxis in Erlangen. Neben Publikationen in psychotherapeutischen Fachzeitschriften sind von ihm u. a. erschienen: ›Der Streichholzjunge‹ (2002) und ›Der Bär der Buddenbrooks‹ (2006).

Johannes Wilkes

Der kleine Kindertherapeut

Erste Hilfe für Kinder in seelischen Nöten

Deutscher Taschenbuch Verlag

Originalausgabe
Juli 2007

www.dtv.de

Umschlagkonzept: Balk & Brumshagen
Umschlaggestaltung: Bettina Wengenmeier
Satz: Greiner & Reichel, Köln
Gesetzt aus der Officina Sans 9,75/12,25
Druck und Bindung: Druckerei C. H. Beck, Nördlingen
Gedruckt auf säurefreiem, chlorfrei gebleichtem Papier
Printed in Germany · ISBN 978-3-423-34423-4

Inhalt

Über dieses Buch

Wer Kinder hat, der wird auch mit kindlichem Leid konfrontiert. Manchmal gerät man als Eltern plötzlich in eine Situation, in der man völlig ratlos ist oder aber falsch und unbesonnen handelt, weil man nicht erkennt, was in seinem Kind gerade vorgeht und was jetzt notwendig wäre. In solchen seelischen Krisensituationen bleibt auch nicht die Zeit, jemanden um Rat zu fragen. Da ist es gut, vorbereitet zu sein. Hierzu soll dieser kleine Ratgeber dienen.

Panik auf dem Karussell

Der Jahrmarkt ist in der Stadt. Sie sind ewig nicht dort gewesen, aber jetzt, wo Sie Anna haben, ist das natürlich anders. Was wird Anna für Augen machen! Gemeinsam bestaunen Sie die vielen bunten Lichter und Fahrgeschäfte, schnuppern den Duft von gebrannten Mandeln, schauen den Schiffschaukeln zu und bleiben schließlich vor dem Kinderkarussell stehen.

Verzückt betrachtet Anna dieses Zauberwerk. Wie das blitzt und funkelt! Feuerwehrautos, Motorräder und muntere Pferdchen drehen sich im Kreise, ein Polizeiauto blinkt mit seinem Blaulicht, Rennautos versuchen einen Bus zu überholen, und eine Kutsche lässt ihre Glöckchen klingen. Und welchen Spaß die Kinder haben! Übermütig lachen und hupen sie, wild kurbeln die Rennfahrer an ihren Lenkrädern, ein Junge betätigt pausenlos die Feuerwehrglocke, und alle winken sie ihren Eltern zu: »Seht her, was wir schon können!«

Da muss Anna auch mit, das ist beschlossene Sache. Sie kaufen gleich drei Chips an der Kasse, und als das Karussell wieder zum Stehen kommt, setzen Sie Anna ins Feuerwehrauto direkt vor Ihnen. Dann treten Sie zurück und winken ihr fröhlich zu. Vergnügt lässt sie die Glocke läuten, und Sie zücken stolz Ihren Fotoapparat. Die erste Runde auf dem Kinderkarussell! Das muss für die Nachwelt festgehalten werden. Wie wird die Oma staunen! Ein Mitarbeiter des Fahrgeschäfts sammelt die Chips ein, dann ertönt ein Warnsignal, und los geht die Fahrt.

Sie halten Ausschau nach dem Feuerwehrauto. In der ers-

ten Runde zieht Ihre Tochter noch kräftig an der Glocke, dann aber wird das Bimmeln zaghafter, und schließlich ertönt die Glocke überhaupt nicht mehr. Mit angstvollem Gesicht schaut Anna sich um, sucht in dem sich drehenden Gesichtermeer ihren Papa, findet ihn nicht, und bald schon schießen Tränen aus ihren Augen. Immer schneller aber dreht sich nun das Karussell. Sie winken aufmunternd in ihre Richtung, aber Anna erkennt Sie nicht. Sie hat die Orientierung verloren, weiß nicht mehr, wo sie selbst und wo ihr Papa ist. In ihrer Not erhebt sie sich, will nur noch eins: raus aus dem blöden Karussell.

»Anna, nicht – bleib doch sitzen!«, denken Sie verzweifelt. Sie schauen sich hektisch um. Keiner außer Ihnen scheint mitzubekommen, in welcher Not sich Ihre Tochter befindet.

Was tun?

Versuchen Sie nicht, bei laufender Fahrt aufzuspringen! Ihr Wunsch, Ihrem Kind jetzt nah zu sein und es zu trösten, ist verständlich. Aber bedenken Sie: Ein Vater, der stürzt und von den Fahrzeugen überrollt, möglicherweise gar von einem hervorstehenden Haken erfasst und mitgeschleift wird oder stolpert und zwischen die Kanten gerät, ist für ein Kind kein echter Trost. Zügeln Sie Ihren Aufspringimpuls!

Versuchen Sie auch nicht, im Kreis um das Karussell mitzulaufen! Es wird Ihnen nicht gelingen. Sie werden nur andere Eltern anrempeln, über einen abgestellten Buggy stolpern und sich dabei den Arm verstauchen.

Schreien Sie auch nicht nach dem Personal! Kein Mensch wird Sie bei diesem Radau verstehen und selbst wenn – die Jahrmarktmitarbeiter sind meist hart gesottene Gestalten, da können Sie kein Mitleid erwarten.

Laufen Sie stattdessen unverzüglich zur Kasse. Von dort aus wird das Karussell bedient. Flehen Sie aber nicht: »Halten Sie bitte das Karussell an, mein Kind weint!« Darauf reagiert die abgebrühte Kassendame in der Regel nicht. Schreien Sie stattdessen so laut Sie können: »Anhalten! Notfall! Ein Kind stürzt aus dem Auto!« Eine halbe Umdrehung später stoppt die Monstermaschine und Sie können Ihr Kind glücklich in die Arme schließen.

Der überfahrene Igel

Sie sitzen über der Steuererklärung, die Sie schon längst hätten fertig haben sollen, als Ihr Maxi weinend ins Haus gestürzt kommt: »Papa, Papa, auf der Straße liegt ein toter Igel!«

Was tun?

Zucken Sie nicht bedauernd mit den Achseln und sagen, tot sei tot, da könne man nichts machen! Machen Sie sich bewusst: Ihr Kind ist gerade brutal mit der Vergänglichkeit des Lebens konfrontiert worden. Der Anblick des toten Tieres hat es tief berührt und das spontane und wichtige Gefühl echten Mitleids in ihm wachgerufen. Es ist zum Glück noch nicht abgestumpft gegen das Leid, weiß aber nicht damit umzugehen. Es spürt – und dieses Gefühl ist wohl angeboren –, dass es nicht richtig ist, die tote Kreatur einfach auf der Straße liegen zu lassen. Jedoch macht eine zu große Scheu, hervorgerufen durch den Anblick des Blutes und der herausquellenden Gedärme, es ihm unmöglich, selbst tätig zu werden. Es braucht Ihre Hilfe!

Wenn Sie jetzt nichts unternehmen, sondern Ihre Nase wieder in die Steuererklärung stecken, wird Ihr Kind eine tiefe Hoffnungslosigkeit verspüren. Zugegeben: Ein überfahrener Igel ist kein schöner Anblick. Dennoch: Erheben Sie sich bitte, leeren Sie die Schuhschachtel mit den gesammelten Belegen, und gehen Sie damit hinaus auf die Straße. Bugsieren Sie das tote Igeltier vorsichtig in die Schachtel, verschließen Sie sie mit dem Deckel und vergraben sie an geeigneter Stelle.

Indem Sie sich mitleidig zeigen und Respekt vor der Schöpfung beweisen, erweisen Sie Ihrem Kind einen wichtigen Dienst. Es wird spüren, dass es richtig war, so zu handeln, und kann nun getröstet zu seinem Spiel zurückkehren.

Knuffi, der Hamster, ist tot

Noch schlimmer ist es natürlich, wenn plötzlich Knuffi, der geliebte Hamster, seinen Geist aufgibt und mit starren Augen morgens rücklings neben seinem Fresstrog liegt. Und dieser Tag wird schneller kommen, als Ihnen lieb ist! Hamster haben oft nur eine geringe Lebenserwartung – trauen Sie nicht den Haltbarkeitsangaben des Zoohändlers!

Die Trauer Ihres Kindes wird unendlich sein, sein kleiner Körper wird geschüttelt werden von Tränenausbrüchen. So verzweifelt werden Sie es kaum jemals zuvor erlebt haben.

Was tun?

Zunächst: Versprechen Sie Ihrem Kind, um es zu trösten, nicht vorschnell einen neuen Hamster! Er kann die Lücke, die der Tod von Knuffi gerissen hat, nicht schließen! Außerdem wäre das das völlig falsche Signal: Niemals kann ein Lebewesen den Platz eines anderen einnehmen! Sie würden damit die Unverwechselbarkeit und Einzigartigkeit nicht nur des Tieres, sondern jedes irdischen Lebens negieren (auch wenn zugegebenermaßen ein Hamster für uns aussieht wie der andere). Außerdem: Sind Sie sicher, dass Ihr Partner nochmals so ein stinkendes Nagetier im Haus haben möchte? Bitte beachten Sie: Die jetzt gemachten Erfahrungen mit dem Tod und der Umgang damit werden Ihr Kind für immer prägen.

Also nehmen Sie die Trauer Ihres Kindes ernst. Am besten, Sie setzen sich einfach still neben es, legen Ihre Arme tröstend um seine Schultern und warten geduldig ab, bis der erste heftige Tränenstrom versiegt ist. Dann bereiten Sie alles für die Beerdigung vor und lassen Ihr Kind möglichst aktiv Anteil daran nehmen.

Suchen Sie zusammen eine stille Ecke im Garten oder – in Ermangelung desselben – im Wald aus, wo Sie dann ein Loch ausheben. Legen Sie aber keinesfalls den leichenstarren Knuffi einfach so in die nackte Erde! Wie der tote Igel bekommt auch Knuffi eine schützende Hülle, einen Pappsarg. Wenn Ihr Kind auf den Gedanken kommt, Knuffi eine der von ihm zu Lebzeiten so heiß geliebten Knabberstangen beizulegen, ist das völlig in Ordnung. Damit vollziehen Sie eine archaische Handlung, die wir aus vielen Kulturen kennen. Bereits die alten Kelten legten ihren Verstorbenen etwas Essbares als Wegzehrung mit ins Grab. Polstern Sie den Sarg, bevor Sie Knuffi hineinlegen, unbedingt mit Watte aus. Das verhindert das hässliche Geräusch, das entsteht, wenn der tote Knuffi in der Schachtel ins Rutschen kommt und mit seinen Krallen am Karton entlangkratzt.

Nun darf Ihr Kind das Grab schmücken, darf Blumen darauf legen und ein selbst gebasteltes Kreuz aufstellen. Je mehr eigene Ideen Ihr Kind entwickelt, desto besser! Dann stellen Sie sich um das Grab auf, falten die Hände und sprechen ein Gebet für Knuffi. Das müssen Sie übernehmen – Ihrem Kind würde es die Sprache verschlagen. Halten Sie eine kleine Grab- und Erinnerungsrede. Betonen Sie, was für ein lustiger und lieber Gesell Knuffi gewesen ist, dass kein anderer Hamster so unermüdlich das Laufrad treten konnte und dass man seine wunderschönen schwarzen Knopfaugen und sein seidenweiches Fell niemals mehr wird vergessen können. Lassen Sie sich nicht irritieren, wenn Ihr Kind dabei wieder zu weinen beginnt. Im Gegenteil, wenn in diesem Augenblick die Tränen fließen, haben Sie alles richtig gemacht. Es sind Abschiedstränen, die Ihr Kind weint, und Abschiedstränen sind wichtig und notwendig, denn sie machen einen neuen Anfang möglich.

Das Monster im Kinderzimmer

Lea will nicht einschlafen. Sie sagt, ein Monster sei in ihrem Zimmer. Hinter dem Vorhang verstecke es sich, manchmal sei es wohl auch unter ihrem Bett oder im Kleiderschrank. Zum dritten Mal schon kommt sie herunter zu Ihnen ins Wohnzimmer. Und weil Ihre Geduld nun zu Ende ist und Sie strenger mit ihr sprechen, fängt sie bitterlich zu weinen an.

Was tun?

Nachdem weder alle Ihre Erklärungen, es gebe keine Monster, noch alle Tricks wie Licht-Anlassen und Tür-Auflassen gefruchtet haben, gehen Sie zur Besenkammer und nehmen die alte, längst verstaubte WC-Sprühdose Marke Rosenduft zur Hand. Dann schneiden Sie ein Stück Papier zurecht und malen ein grässliches Monstergesicht darauf, das Sie anschließend mit zwei schräg gekreuzten schwarzen Balken wieder durchstreichen. Darunter schreiben Sie »Monster-Ex« und kleben das Papier auf die Dose.

Mit der Sprühdose bewaffnet, gehen Sie sodann zu Ihrem verzweifelten Kind und erzählen ihm im Brustton der Überzeugung, hier in der Dose sei der beste Monsterkiller aller Zeiten. Sobald man eine ordentliche Dosis davon drei Mal in ein Zimmer sprühe, würden sich alle Monster sofort in Luft auflösen. Zum Beweis gehen Sie mit Ihrem Kind sogleich nach oben und machen die Probe aufs Exempel. Bald darauf wird Leas Zimmer in den süßesten Rosenduft gehüllt sein. Dann öffnen Sie kurz das Fenster und wedeln die Zimmerluft in die Nacht, damit auch der letzte Monsterrest garantiert verschwindet. Lea wird schlafen wie ein Murmeltier.

An den kommenden Abenden wiederholen Sie die Prozedur, und zwar so lange, bis allein schon der Rosenduft Ihr Kind in Sicherheit wiegt.

Der abgestürzte Drache

Es ist Herbst. Die Oktobersonne scheint prächtig, und ein herrlicher Wind lässt die bunten Blätter tanzen. Sie erinnern sich mit leichter Wehmut an Ihre eigene Kindheit, als man noch richtige Kinderspiele gespielt hat, und Ihr Entschluss steht fest: Heute soll Alex seinen ersten Drachen bekommen! Nicht so ein kitschiges Plastikteil aus dem Supermarkt, kein billiges Drachensurrogat aus Fernost, nein, einen echten Papierdrachen werden Sie mit ihm basteln. Gelernt ist schließlich gelernt!

Sie besorgen sich rasch das nötige Bastelmaterial und machen sich dann mit Feuereifer an die Sache. Ihr Sohn ist stolz, weil er die Augen selbst aufkleben darf. Sie schneiden, falzen und kleben, und dann ist der Drache fertig. Ein Prachtexemplar! Nun geht's hinaus auf das nahe Feld, wo schon die Nachbarn mit ihren Kindern ihre einfallslose Dutzendware in den Himmel gepflanzt haben. Na, die werden staunen!

Sie geben Ihrem Sohn den Drachen in die Hand, spannen die Schnur und geben das Loslass-Kommando. Mit einem mächtigen Satz steigt Ihr Drache in den Himmel, aber mit noch größerem Tempo kehrt er wieder um und rast zur Erde, wo er dumpf aufschlägt. Mit heißen Tränen im Gesicht stolpert Ihr Kleiner zu ihm hin, hebt ihn auf und hält Ihnen die traurigen Reste des Drachen entgegen.

Was tun?

Versuchen Sie nicht, den Drachen zu reanimieren! Jeder Versuch ist zwecklos, der Drache wird nicht mehr fliegen, lassen Sie alle Hoffnung fahren. Sie würden alles nur noch schlimmer machen. Lieber ein Ende mit Schrecken als ein Schrecken ohne Ende.

Zerreißen Sie ihn in Ihrer Wut auch nicht unbedacht, sondern streicheln Sie sanft über das beschädigte Papier und flüstern Sie Ihrem Sohn zu, sie müssten nun schnell ins Drachenkrankenhaus. Dann machen Sie sich mit Ihrem Kind unauffällig vom Drachenacker und ignorieren dabei erfolgreich die schadenfrohen Blicke der Nachbarväter.

Daheim bessern Sie den Schaden, so gut es geht, wieder aus, halten den Drachen vor sich hin und flüstern ihm dann in erfundener Drachensprache eine Frage zu. Dann nähern Sie mit geheimnisvollem Gesicht Ihr Ohr dem Drachenmund, machen dazu große Augen und nicken überrascht. »Der Drachen möchte gerne in deinem Zimmer schweben!«, sagen Sie zu Alex. Dort hängen Sie den Drachen auf.

Anschließend gehen Sie in den Supermarkt, kaufen so ein billiges Plastikteil aus Fernost und lassen es auf dem Acker hoch in den prächtigen Herbsthimmel steigen.

Wutanfall vor der Supermarktkasse

Sie nehmen Ihr Kind mit zum Einkaufen. Schließlich wollen Sie es auf das Leben vorbereiten, und dazu gehört auch der Umgang mit der Marktwirtschaft. Franzi will selbst den Wagen schieben, obwohl sie mit ihren Händchen gerade erst an die Schiebestange kommt. Sie lassen es zu – auch das Schieben eines Einkaufswagens will schließlich gelernt sein.

Nachdem Sie alle Ihre Einkäufe beisammen haben, stellen Sie sich an der Kasse an. Mal wieder sind nur zwei Kassen besetzt, und an beiden hat sich bereits eine lange Schlange gebildet. Doch in den Regalen links und rechts vom Staubereich ist der herrlichste Kinderkram postiert: Kaugummis, Plastikspielzeug und die geliebten Überraschungseier … Alles auf Augenhöhe Ihres Kindes!

Sofort lässt Franzi den Einkaufswagen los und steuert diese Herrlichkeiten an, will sie sich schnappen und dem Regal entreißen. Sie müssen reagieren, müssen es ihr verbieten, wissen aber genau, dass das ein mordsmäßiges Geschrei geben wird. Und die Schlange bewegt sich kaum vorwärts …

Was tun?

Sie haben Recht. Im Prinzip. Erziehung heißt Grenzen setzen. Also müssen Sie den Tobsuchtsanfall in Kauf nehmen und einschreiten, Ihrem Kind den Griff nach den Süßigkeiten verbieten, es sogar, sollte es sich weiter uneinsichtig zeigen, gewaltsam hochheben und in den Gittersitz hieven. Und auch das wird sich als äußerst schwierig erweisen, weil Ihre Kleine wie verrückt mit ihren Beinchen strampelt.

Umgang mit Frustrationen zu erlernen sei pädagogisch äußerst wichtig, heißt es. Nur so könne ein Kind als Erwachsener ebensolche ertragen und greife nicht gleich zu Schnaps und Zigaretten. Andererseits: Wer um alles in der Welt ist auf die blöde Idee gekommen, in dem kritischen Einkaufswagenstaubereich den ganzen Krempel auszubreiten? Ist dieser gemeine Werbestratege nicht eigentlich schuld an dem ganzen Dilemma? Hat er es nicht heraufbeschworen, absichtlich heraufbeschworen, mit dem niederträchtigen Gedanken, die Eltern würden den Wünschen ihrer Kinder aus Angst vor einem peinlichen Wutanfall schon nachgeben? Trägt also nicht das Geschäft selbst die Verantwortung für Ihren elterlichen Schweißausbruch?

Deshalb ein etwas unpädagogischer, aber nicht unwirksamer Rat. Sagen Sie Ihrem Kind, Sie müssten schnell noch einmal zurück zum Milchregal, es solle kurz hier warten. Dann beobachten Sie aus der Ferne mit stiller Genugtuung, wie Ihr Kind ein Überraschungsei nach dem anderen aus der Verkaufsbox holt und zerlegt. Da Ihr Kind noch zu jung ist, brauchen Sie für den entstandenen Schaden nicht aufzukommen. Und wenn sich noch andere verärgerte Eltern motivieren lassen, ebenso zu handeln, wird der Marktleiter die Überraschungseier schnell in das oberste Regal verbannen.

Oma liegt im Krankenhaus

Ein Anruf aus dem Krankenhaus. Oma sei als Notfall eingeliefert worden, ihr Zustand sei instabil, die Prognose durchaus kritisch. Man könne nichts ausschließen. Doch, sie sei noch bei Bewusstsein, nein, gegen einen kurzen Besuch sei nichts einzuwenden.

Sie legen den Hörer wieder auf, Ihre Hand zittert. Sie müssen ins Krankenhaus, das ist klar. Aber was machen Sie so lange mit Marie? Die Oma ist doch ihre Lieblingsoma. Sollten Sie Marie nicht besser zu Freunden bringen und alleine fahren?

Was tun?

Nehmen Sie keine falsche Rücksicht auf Ihr Kind. Es wäre schlimm, wenn es keine Gelegenheit hätte, sich auf seine Weise von der Oma zu verabschieden. Nehmen Sie Marie also unbedingt mit! Und packen Sie Papier und Stifte ein und auch Maries Lieblingsbuch, das sie der Oma immer so gerne zeigt.

Wenn Sie dann am Krankenbett sind, lassen Sie Marie den Vortritt. Nehmen Sie ihr die Scheu vor der ungewohnten Situation, indem Sie ihr die Bedeutung der Schläuche und Kabel erklären. Und dann lassen Sie Marie neben dem Bett der Oma Platz nehmen, so dicht wie möglich, und geben Sie den beiden Zeit. Sollte sich Maries Scheu nicht legen, holen Sie das Buch heraus. Beim gemeinsamen Blättern wird Maries Unsicherheit bald verschwinden.

Anschließend machen Sie Marie den Vorschlag, Omas Haar zu kämmen, danach darf sie sich an den Tisch setzen und, während Sie mit der Oma sprechen, ein Bild für sie malen. Das hängen Sie, bevor Sie gehen, über Omas Bett. Jetzt sind beide vorbereitet: Marie und die Oma.

Oma ist tot

Alle ärztliche Kunst war vergebens. Oma ist tot. Wie um alles in der Welt sollen Sie das Ihrem Kind beibringen, wie mit der Nachricht umgehen? Marie hat die Oma doch so lieb gehabt, hat so viel Schönes mit ihr erlebt, wusste: Die Oma ist immer für mich da! Wie unendlich groß werden nun die Trauer und der Schmerz sein.

Was tun?

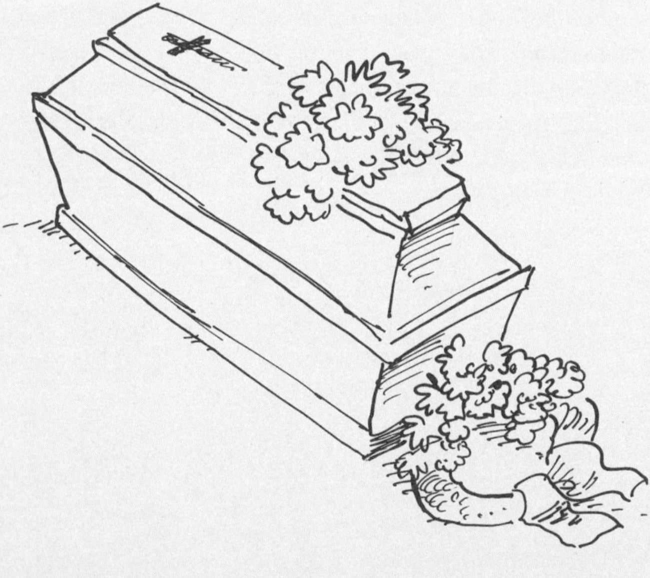

Früher war es üblich, die frisch Verstorbenen fein zu kleiden und aufzubahren. Das geschah meist in den vertrauten familiären Räumlichkeiten, sodass Angehörige, Freunde und Bekannte die Möglichkeit hatten, sich persönlich zu verabschieden. Der Tote lag nicht wie heute in einem Sarg in einer einsamen Kühlkammer, sondern die Familienmitglieder hielten am Bett des Verstorbenen abwechselnd Totenwache.

Dieses Ritual des Abschiednehmens ist in unserer Zeit verloren gegangen. Tote werden heute nur noch selten aufgebahrt – nur bei Prominenten erleben wir das gelegentlich. Stirbt ein Mensch, so geht in der Regel alles schnell – zu schnell. Aus Scheu und mangelnder Erfahrung im Umgang mit dem Tod rufen wir sogleich das Beerdigungsinstitut, das uns alles Weitere rasch und routiniert abnimmt und die Leiche möglichst unauffällig aus dem Haus schafft. Dieses Vorgehen erschwert auch das Abschiednehmen der Kinder.

Zum Lernen und Begreifen brauchen sie stärker noch als wir ihre Sinne. Der Tod eines Angehörigen ist für sie aber kaum mehr sinnlich erfahrbar. Aus psychologischer Sicht wäre es absolut begrüßenswert, wenn Ihr Kind die tote Oma noch einmal sehen dürfte. Das ist jedoch nur sinnvoll, wenn eine letzte Begegnung mit der Verstorbenen auch Ihnen ein inneres Bedürfnis ist. Wenn Sie diesbezüglich unsicher sind, dann lassen Sie es lieber bleiben!

Gehen Sie – wenn Sie Abschied nehmen möchten – zunächst allein in das Totenzimmer. Und wenn Sie bei allem Schmerz auch einen leisen Trost verspüren und besonders wenn Sie merken, wie Ihre Liebe zu der Verstorbenen noch einmal leuchtend aufscheint, dann gehen Sie und holen Ihr Kind mit hinzu. Achten Sie darauf, dass die Augen der Toten geschlossen sind! Auch sollte die Verstorbene gepflegt aussehen und der Oberkörper leicht erhöht gebettet sein. Das Wichtigste aber ist: Lassen Sie sich und Ihrem Kind Zeit! Ein schnelles Hineinhuschen, ein beklommener, furchtsamer letzter Blick auf die Tote und ein schnelles Wiederhinaus helfen Ihrem Kind nicht, sondern können sogar zu einem traumatischen Erlebnis werden.

Überlegen Sie zuvor mit Ihrem Kind gemeinsam, was es der Oma mitgeben möchte: Vielleicht ist es ein Spiel, das es gerne mit der Oma gespielt hat, vielleicht ein Kuscheltier oder ein selbst gemaltes Bild. Dieses letzte Geschenk darf es der Oma auf das Bett legen. Vermitteln Sie Ihrem Kind unbedingt, dass es sich vor dem toten Körper nicht zu fürchten braucht. Erklären Sie ihm, der Tod sei der Bruder des Schlafes, und vor jemandem, der schlafe, brauche man keine Angst zu haben.

Gehen Sie mit Ihrem Beispiel voran. Streichen Sie der Toten ruhig noch einmal zärtlich über das Haar und sprechen Sie dazu ein paar liebe Worte. Reden Sie die Tote dabei durchaus direkt an, so, als könne sie Sie noch verstehen. Sie werden merken, dass Sie dabei unwillkürlich die Stimme senken. Das ist normal und in Ordnung. Aber flüstern Sie bitte nicht! Das würde Ihr Kind verunsichern.

Wenn Ihr Kind beklommen schweigt, geben Sie ihm eine Aufgabe. Bitten Sie es, die Kerzen ringsherum anzuzünden. Während es damit beschäftigt ist, erzählen Sie der Oma, was Ihr Kind heute so alles erlebt und gemacht hat. Das bringt ein Stück Normalität zurück und erleichtert Ihrem

Kind die Situation. Erklären Sie ihm recht anschaulich, dass die Oma sich nun auf dem Weg in den Himmel befinde und dass Sie sich Gedanken darüber machen, wie sie sich dort wohl einrichten wird. Tragen Sie der Oma auf, bereits verstorbene Familienangehörige recht schön zu grüßen, und bitten Sie sie, im Paradies weiter auf Sie und Ihr Kind aufzupassen, so wie sie es schon zu Lebzeiten hier auf Erden getan hat.

Vermeiden Sie es, dass Ihr Kind die totenkalten Hände berührt! Wenn Sie sich verabschieden, nehmen Sie die Hände der Oma ruhig noch einmal in Ihre Hand und halten Sie sie fest, so lange, bis sie ein wenig angewärmt sind. Dann darf Ihr Kind, wenn es das möchte, auch noch mal die Hände der Oma berühren.

Seien Sie offen für mögliche Fragen Ihres Kindes, und beantworteten Sie sie ehrlich. Dann gehen Sie gemeinsam aus dem Zimmer.

Bei der Beerdigung sollte Ihr Kind unbedingt auch teilnehmen. Gehen Sie vor der Begräbnisfeier mit Ihrem Kind in ein Blumengeschäft. Bitten Sie es, von den Blumen drei auszuwählen, von denen es meint, dass sie der Oma gut gefallen. Diese drei Blumen lassen Sie zu einem kleinen Strauß binden, den Ihr Kind nun tragen darf. In der Friedhofskirche setzen Sie sich in eine der vorderen Reihen, damit Ihr Kind etwas sehen kann. Vielleicht hatten Sie zuvor Gelegenheit, mit dem Geistlichen zu sprechen und ihn zu bitten, in seiner Begräbnisrede auch Ihr Kind namentlich zu erwähnen und es persönlich anzusprechen. Erklären Sie Ihrem Kind vorab in Ruhe den Ablauf des Beerdigungsrituals.

Beim Gang zum Grab halten Sie es bei der Hand und gehen mit ihm gemeinsam, wenn der Sarg hinabgelassen wurde, zur Grube und lassen es die Blumen hineinwerfen. Auch eine Schaufel Erde darf es hinterherwerfen, wenn es das möchte. Zwingen Sie es jedoch nicht dazu – vielen Kindern ist diese Geste intuitiv fremd und unangenehm.

Beim anschließenden Beerdigungsessen, bei dem es, wenn der Druck von den Gästen weicht, erfahrungsgemäß oft recht lustig zugeht, ergreifen Sie die Initiative und bitten Sie die Anwesenden, doch reihum kurz zu erzählen, was sie für eine Erinnerung an die Oma haben, ein persönliches Erlebnis am besten, durchaus auch etwas Heiteres. Auch Ihr Kind darf dabei mitmachen. Fordern Sie es aber nicht auf, den Anfang zu machen, sondern lassen Sie den anderen den Vortritt. So geben Sie Ihrem Kind die notwendige Zeit, in Ruhe nachzudenken.

Auch bei der Grabpflege sollten Sie es bewusst mit einbeziehen. Geben Sie nicht vorschnell alles in die Hände des Friedhofsgärtners. Lassen Sie Ihr Kind darüber nachdenken, welche Pflanze es in besonderer Weise mit der Oma verbindet. Vielleicht erinnert es sich daran, wie die Oma gerne etwas Petersilie abschnitt, um die Teller mit dem Mittagessen zu dekorieren. Dann lassen Sie Ihr Kind doch Petersilie auf das Grab pflanzen! Je persönlicher die Wahl, desto besser. Und Ihr Kind darf natürlich bei jedem Besuch nach seiner Pflanze sehen und sie gießen. Lehren Sie es auch die Kunst, mit einem Verstorbenen Zwiesprache zu halten. Für ein Kind ist das oft leichter, als Sie glauben. Haben Sie keine Scheu davor.

Und noch etwas: Es ist durchaus erlaubt, einen Friedhof

fröhlich zu betreten! Keine falsch aufgesetzte Trauermiene! Ihr Kind soll lernen, dass nach einer Zeit der Trauer auch eine fröhliche Erinnerung möglich ist. So wird auch die Angst vor dem eigenen Tod, aus dem sich letztlich alle unsere Ängste speisen, einen Teil ihres Schreckens verlieren.

Das Sankt-Nikolaus-Trauma

Sechster Dezember. Es ist schon spät, da klopft es an der Tür. Sie machen ein geheimnisvolles Gesicht. Ob das wohl der Nikolaus ist? Sie laufen rasch zur Tür, Jan hält sich dicht hinter Ihnen. Tatsächlich! Der Nikolaus! Im roten Mantel, das Gesicht ganz hinter dem weißen Rauschebart versteckt, tritt er in die Stube. Als er mit tiefer Stimme nach den Kindern fragt und Sie sich umdrehen, um ihm Jan zu zeigen, fängt dieser fürchterlich zu weinen an.

Was tun?

Zeigen Sie Courage! Stellen Sie sich zwischen Jan und den Nikolaus, und erklären Sie diesem, er sei heute leider unerwünscht, und er solle doch bitte weiterziehen! Dann begleiten Sie den verdutzten Studenten zur Tür und wünschen ihm einen guten Abend.

Wenn Sie das fertigbringen, dürfen Sie sich gratulieren! Erstens haben Sie es geschafft, Ihre eigene Enttäuschung zu besiegen und Ihre Vorstellung von Nikolausidylle dem seelischen Wohl Ihres Kindes zu opfern. Zweitens weiß Ihr Kind nun ein für allemal, dass seine Eltern keine Autorität dulden werden, die ihm Angst einjagt, und sich stets schützend vor es stellen.

Banküberfall

Sie stehen mit Vera am Schalter Ihrer Sparkasse, als plötzlich ein vermummter Räuber in die Halle stürmt. »Überfall!«, ruft er und zieht eine Pistole. »Alle auf den Boden!«

Was tun?

Ziehen Sie Vera dicht an sich, sodass Sie ihr Gesicht mit Ihrem Mantel oder Ihrer Jacke bedecken. Dann lassen Sie sich langsam mit ihr zusammen auf den Boden sinken. Halten Sie sie mit beiden Armen fest an sich gepresst und streicheln Sie ihr über das Haar. Machen Sie dabei aber keinesfalls hektische Bewegungen!

Wenn Vera zu weinen anfängt, flüstern Sie ihr leise etwas Beruhigendes ins Ohr. Lautes Weinen macht Bankräuber oft nervös und unberechenbar. Bleiben Sie ruhig auf dem Boden liegen, bis der Räuber die Bank wieder verlassen hat. Auch danach halten Sie bitte engen Körperkontakt zu Ihrem Kind.

Stürzen Sie nicht überhastet aus der Bank! Sie sind Zeuge, Sie werden noch gebraucht! Erklären Sie Ihrem Kind, was passiert ist. Sagen Sie ihm aber auch, gleich würde die Polizei kommen und den bösen Räuber ins Gefängnis stecken. Zu Hause spielen Sie die Szene dann mit Kasperlefiguren nach. Wichtig ist, dass der Räuber am Ende vom Kasperle, den Ihr Kind spielen sollte, kräftig durchgeprügelt wird. Je fester, desto besser!

Trennungsschmerz im Kindergarten

Der erste Tag klappte ohne Probleme. Ein kurzes »Tschüss!«, dann war Maxi schon den anderen Kindern hinterhergerannt und im Gruppenraum verschwunden. Ihnen ist der Abschied fast ein wenig zu schnell gegangen. Ihnen ist leicht mulmig zumute, als Sie hinaus auf die Straße treten. Ein komisches Gefühl, so ganz ohne Kind! Aber Maxi ist ja jetzt schon drei Jahre alt, da muss er hinaus ins feindliche Leben … Feindliches Leben? Was reden Sie denn da! Sie blicken zurück. Bunte, freundliche Käfer kleben an den Fenstern, Spielzeug, wohin man blickt. Hat er es nicht herrlich hier? Wo gibt es denn so viele Spielkameraden? So viele neue Anregungen warten doch hier auf ihn! Kein Wunder, dass er Sie hat stehen lassen!

Heute ist der zweite Tag. Sie stehen in der Kindergartengarderobe und warten, dass Maxi sich umzieht. Aber heute ist alles anders. Ewig trödelt er herum, tut, als würde er die Klettverschlüsse an seinen Schuhen nicht aufbekommen. Also setzen Sie sich nieder und wollen ihm helfen. Da stürzen plötzlich Tränen aus seinen Augen, angstvoll klammert er sich an Sie, und als Sie ihn fragen, was denn los sei, flüstert er nur leise: »Mag nicht in den Kindergarten!«

Was tun?

Was ist los mit Ihrem Kind? Was ist hier passiert? Warum ging es gestern so problemlos, und heute will er nicht mehr hin? Der Grund ist der folgende: Gestern, an seinem ersten Kindergartentag, hat er noch nicht realisieren können, was es heißt, erstmals in fremder Umgebung von seiner Mutter getrennt zu sein. Der bunte Reiz des neuen Spielzeugs, die kindgerechte Dekoration und Einrichtung hatten ihn verführt. Außerdem war er durch die ständige Reaktion sämtlicher Bekannter und Verwandter – »Was, du kommst jetzt in den Kindergarten? Toll!« positiv beeinflusst und gepuscht worden.

Gestern aber, bei seinem ersten Realversuch, hatte er nach einer Weile, vielleicht als er müde vom Spielen geworden war, das Bedürfnis gespürt, Ihre Nähe aufzusuchen. Doch Sie waren nicht da! Die Erzieherinnen, so nett sie sind, sind Ihrem Kind noch zu fremd und können ihm noch keinen emotionalen Rückhalt bieten. Auch kann ein Kind mit drei Jahren noch keine Zeiten einschätzen, sodass die Versicherung, die Mutter käme bald, ihm wenig sagt. Und wenn ein Kind seine Mutter vermisst, kommen ihm Minuten wie Ewigkeiten vor! Heute, in der Kindergartengarderobe, wird Ihrem Kind plötzlich wieder bewusst, was Trennung bedeutet. In der Gruppe ist es noch nicht richtig warm geworden, es braucht dafür noch Zeit.

Auch wenn es Ihnen hart und unmenschlich vorkommt: Ziehen Sie den Abschied nicht unnötig in die Länge! Sie können in dieser Situation nicht erwarten, dass Ihr Kind Argumenten zugänglich ist. Sagen Sie seiner Erzieherin Bescheid. Sie wird das Kind erfolgreich ablenken, und Sie nutzen den Moment, sich davonzustehlen. Auch wenn Sie sich den ganzen Vormittag schlecht fühlen werden – nur so wird sich Maxi an den Kindergarten gewöhnen.

Wenn Sie im Vorhinein sichergehen wollen, fragen Sie vor der Entscheidung für einen Kindergarten jeweils nach, ob es ein Konzept für eine Eingewöhnungsphase mit Begleitung eines Elternteils gibt und ob eine Bezugserzieherin vorgesehen ist. Vergleichen Sie! Es gibt bei Kindergärten große Unterschiede.

Die Schnullerfrage

Morgen beginnt ein neues Jahr und Ihr Kind lutscht immer noch am Schnuller. Dabei ist Sarah schon drei Jahre alt. Doch alle Ihre Versuche, sie zu überzeugen, den Schnuller endlich abzugeben, gingen schief. Es scheint ihr völlig egal zu sein, dass alle ihre Freundinnen keinen Schnuller mehr brauchen. Sarah besteht auf ihrem Schnuller. Sie bekommen allmählich Angst, dass sie den Mundstöpsel nie mehr losbekommt.

Was tun?

Nehmen Sie Sarah bei der Hand und treten Sie mit ihr hinaus in die kalte Silvesternacht. Knien Sie sich zu ihr nieder, und zeigen Sie ihr den Sternenhimmel. Sagen Sie ihr, dort oben wohne ihr Schutzengel, der immer auf sie aufpasse. Dann streicheln Sie Sarahs Hand und fragen sie, ob sie ihrem Schutzengel nicht einmal ein besonderes Geschenk machen wolle? Bestimmt würde er sich sehr über Sarahs Schnuller freuen und sicher immer gut auf ihn aufpassen! Sarah wird andächtig hinaufschauen und nicken.

Wie aber soll der Schnuller zum Schutzengel kommen, wo er doch oben im Himmel wohnt? Auf diese Frage haben Sie gewartet. Mit geheimnisvollem Gesicht ziehen Sie eine Silvesterrakete hervor, binden den Schnuller daran und schießen ihn hinauf in den Winterhimmel!

Doch cave! Vermeiden Sie am Neujahrstag den gewohnten Spaziergang zum Kinderspielplatz, oder halten Sie zumindest die Augen gut auf! Ein rußig zerschmolzener Schnuller am Ende einer verkohlten Rakete ist ein trauriger Anblick und würde ein neues Notfallkapitel notwendig machen.

Bei der Liebe erwischt

Die Sonne wirft ihre ersten Strahlen ins Zimmer. Sie blinzeln Ihren Partner an. Sonntagmorgen! Keine Pflichten, keine Sorgen! Ihr Kleiner schläft im Nebenzimmer noch tief und fest, und so beschließen Sie, die Gunst der Stunde zu nutzen und sich der ehelichen Liebe hinzugeben. Gerade haben Sie die Decken abgeschüttelt und Position bezogen, da geht die Tür auf, und in der Tür steht Lukas, den Teddybär unter den Arm geklemmt, und starrt Sie erschrocken an.

Was tun?

Bewahren Sie einen kühlen Kopf! (Was leicht gesagt, aber zugegebenermaßen in einer solchen Situation nicht ganz einfach ist.) Geben Sie keine langen Erklärungen, Ihr Kind würde sie in diesem Moment doch nicht verstehen. Machen Sie sich klar, was gerade in ihm vorgeht: Es erschrickt so heftig, weil es in dem, was sich gerade abgespielt hat, eine aggressive Handlung, etwas Gewalttätiges und Grausames zu sehen glaubt. Es kann nicht begreifen, dass das, was der Papa da Wildes macht, mit dem Einverständnis der Mutter, ja mit deren ausdrücklicher Billigung und Zustimmung geschieht. Es denkt, der Papa tue der Mama weh, kämpfe mit ihr, wolle sie niedermachen. Sein Papa, der doch stets so freundlich und höflich tut!

Deshalb: Reagieren Sie rasch, und fangen Sie unverzüglich damit an, sich gegenseitig durchzukitzeln! Je toller es zugeht, desto besser! Greifen Sie nach einem Kissen und schlagen Sie damit nach Ihrem Partner. Spielen Sie zwei übermütige Kinder, die sich im Spaß übereinanderkugeln und Purzelbäume dabei schlagen, lachen und kichern Sie um die Wette.

Wenn Sie Glück haben, nimmt Ihnen Ihr Kind das Theaterspiel ab, ja, es wird selbst anfangen zu lachen und mitspielen wollen. Dann haben Sie gewonnen! Veranstalten Sie eine Kissenschlacht zu dritt, bis Sie alle nicht mehr können. Dann legen Sie Ihrem Kind seine Lieblingsvideokassette im Wohnzimmer ein und bringen ungestört zu Ende, wobei man Sie unterbrochen hat.

Eingeklemmt

Die Situation ist übel. Das Auto hat sich von alleine in Bewegung gesetzt, als Sie gerade das Garagentor öffnen wollten, und hat Sie schmerzhaft eingeklemmt. Im Auto sitzt noch Niko, den Sie gerade vom Kindergarten abgeholt haben, und schaut Sie groß an. Sie versuchen, die schwere Kiste wegzudrücken – vergebens. Der Schmerz in Ihren Beinen ist höllisch. Am liebsten würden Sie laut schreien, aber hier hört Sie niemand. Das Grundstück ist zu abgelegen, und Ihr Mann wird erst spät am Abend nach Hause kommen. Nikos Augen werden immer größer.

Was tun?

Alles hängt nun von Niko ab. Sie spüren, dass es nicht mehr lange dauert, bis Sie ohnmächtig werden. Der Schmerz und die erzwungene aufrechte Körperhaltung führen dazu, dass Ihr Blut versackt. Schon spüren Sie, wie Ihnen schwindelig wird. Wenn Sie jetzt zusammenbrechen, wird das für Ihren Sohn möglicherweise ein schweres Trauma bedeuten. Der Anblick der scheinbar leblos auf der Motorhaube liegenden Mutter wird ihn sein ganzes Leben verfolgen.

Im Auto auf dem Beifahrersitz liegt Ihre Handtasche mit dem Handy. Sie wissen, dass es Niko gelingen kann, sich abzuschnallen. Geben Sie ihm winkende Zeichen mit der Hand, versuchen Sie aber, es so aussehen zu lassen, als wollten Sie ein Spiel mit ihm spielen. Vermeiden Sie es, aus Schmerz und Wut auf die Motorhaube zu trommeln! Im Auto würde sich das wie ein Gewitter anhören. Wenn Niko in Panik gerät, ist alles aus.

Lächeln Sie! Werden Sie nicht ungeduldig, wenn Sie sehen, wie er ungeschickt an seinem Sicherheitsgurt herumnestelt. Er ist müde vom Kindergarten, da lässt das feinmotorische Geschick nach. Ermuntern Sie Niko, nicken Sie ihm freundlich zu. Sobald es ihm gelungen ist, sich aus dem Kindersitz zu befreien, wird er aussteigen, Ihnen die Handtasche bringen, und Sie können den Notdienst oder die Nachbarn zu Hilfe rufen.

Der Sturz von der Schaukel

Was gibt es Schöneres, als auf einer Schaukel zu sitzen und in die blaue Luft zu fliegen? Auch Ihrem Kind gefällt das. Begeistert ruft es: »Höher! Höher!«, doch schon ist es passiert: Unglücklich rutscht Ihr Kind vom Sitz und wird zu Boden geschleudert. Sofort sind Sie bei ihm, trösten es und nehmen es in den Arm. Zugestoßen ist ihm zum Glück nichts, der weiche Sand hat den Sturz gut abgefangen. Dennoch klammert sich Ihr Kind weinend an Sie und will auf der Stelle nach Hause.

Was tun?

Nachdem Sie Ihr Kind getröstet haben, gehen Sie natürlich nicht nach Hause, sondern setzen es unbedingt sofort wieder auf die Schaukel! Nein, Sie tun damit nichts Unmenschliches, im Gegenteil, Sie helfen Ihrem Kind, dass es keine Angst vor der Schaukel entwickelt. Setzen Sie es behutsam wieder hinauf, und schaukeln Sie es vorsichtig ein wenig in die Höhe. Lächeln Sie dazu, machen Sie ihm mit Ihrer ganzen Haltung klar, dass es sich keine Sorgen zu machen braucht, dass es sich hundertprozentig sicher fühlen kann. Wenn es nach einer Weile zaghaft zurücklächelt, haben Sie gewonnen. Ihr Kind wird keine Schaukelphobie entwickeln.

Wie kommt das?

Verhaltensforscher machten jüngst folgenden Versuch: Sie ließen Wespen in einen präparierten Käfig fliegen, dessen eine Seite einen süßen Vanilleduft verströmte. Davon angelockt, erhielten die Wespen dort einen Stromschlag, der sie kurz lähmte, sodass sie in einen weichen Behälter stürzten, der einen für die Wespen eher unangenehmen Teergeruch verbreitete. Steckte man die Wespen einige Zeit später in einen anderen Käfig, in dem je eine Wand mit Vanilleduft, mit Rosenduft und mit Teergeruch besprüht worden war, so entschieden sich die traumatisierten Wespen in der Mehrzahl für die Wand mit dem Teergeruch, während nur wenige zur Rosenwand flogen, keine einzige aber zur Vanillewand.

Was folgt daraus? Die einem Trauma vorausgehenden Sinneseindrücke werden von der Amygdala, einem Teil des Gehirns, das unser Angstgedächtnis repräsentiert, negativ interpretiert, sodass sie künftig Warnsignale mit einem hohen Angstfaktor darstellen. Unmittelbar auf ein Trauma folgende Sinneseindrücke aber bewertet die Amygdala positiv. Nutzen Sie diesen Effekt! Wenn Sie Ihr Kind gleich nach dem Sturz wieder auf die Schaukel setzen und ihm dabei Ihre maximale positive Zuwendung geben, wird es das Weiterschaukeln als etwas Angenehmes in Erinnerung behalten und wird auch morgen wieder fröhlich auf die Schaukel steigen.

Der Mathe-Sechser

Beim Aufräumen finden Sie auf dem Schreibtisch Ihres Kindes unter einem Stapel von Heften ein Blatt Papier, das vor roter Farbe nur so strotzt. Die Matheschulaufgabe!

Note: 6

Was tun?

Ihr Erschrecken hat zwei Gründe, die wir auseinanderhalten müssen. Grund Nummer eins ist natürlich die plötzliche Erkenntnis der erschreckenden Matheschwäche Ihres Kindes. Viele Fragen jagen durch Ihren Kopf: War das nur ein Ausrutscher? Hat Ihr Kind zu wenig geübt? Oder ist es möglicherweise überfordert, vielleicht sogar auf der falschen Schule? Der zweite Grund Ihres Erschreckens betrifft das Verhältnis zwischen Ihnen und Ihrem Kind. Warum hat es Ihnen die Note bislang verheimlicht? Hat es denn kein Vertrauen zu Ihnen? Fürchtet es sich vor Ihrer Reaktion, vor Strafe womöglich? Oder schämt es sich einfach zu sehr?

Und was sollen Sie nun machen? Sollen Sie so tun, als hätten Sie nichts bemerkt, und stecken die Arbeit einfach wieder unter den Heftstapel? Oder sollen Sie sie Ihrem Kind unter die Nase halten?

Zunächst: Überlegen Sie, ob der jetzige Augenblick auch günstig ist. Er ist dann günstig, wenn sowohl Sie als auch Ihr Kind Zeit haben und nicht ein unaufschiebbarer Termin zur Eile drängt. Machen Sie eine Kanne Tee, stellen Sie zwei Tassen bereit, und setzen Sie sich dann zu zweit an Ihren Esstisch. Ziehen Sie nun die Mathearbeit hervor und gehen die Fragestellungen so gelassen wie möglich mit Ihrem Kind durch. Erst danach fragen Sie es behutsam, warum es Ihnen die Arbeit denn nicht gezeigt habe. Wenn Sie sich so verhalten, wird Ihr Kind künftig keine Angst mehr haben, Ihnen eine misslungene Schulaufgabe zu zeigen.

Gibt es das Christkind wirklich?
Eine Glaubenskrise

Ihr Kind kommt wütend aus der Schule. Ärgerlich wirft es seinen Ranzen in die Ecke, dann platzt es aus ihm heraus: »Mama, stell dir vor, was der Lukas gesagt hat! Er hat gesagt, er glaubt nicht an das Christkind!«

Was tun?

Das ist eine durchaus heikle Situation. Sie sind in diesem Moment nicht zu beneiden und tun sich mit der Antwort zu Recht schwer. Warum ist das so?

Sie befinden sich in einem Konflikt. Zwei Absichten kämpfen in Ihnen: Zum einen wollen Sie Ihrem Kind den Glauben an das Christkind noch gerne erhalten, zum anderen wollen Sie es nicht bewusst hinters Licht führen. Wie können Sie diesen Konflikt lösen?

Überraschen Sie Ihr Kind zunächst mit der Feststellung, dass es gar nicht so wichtig sei, ob Lukas an das Christkind glaubt. Viel wichtiger hingegen sei, dass das Christkind an Lukas und an alle anderen Menschenkinder glaubt. Wenn Ihr Kind nachfragt, wie Sie das gemeint hätten, dann setzen Sie sich mit ihm auf das Sofa und fragen es, ob es denn wisse, warum das Christuskind auf die Welt gekommen ist?

Wahrscheinlich wird Ihr Kind auf diese Frage hin zögernd mit den Schultern zucken. Dann erklären Sie ihm, dass das Christuskind gekommen sei, um uns alle zu beschenken. Sein Geschenk könne man weder sehen noch hören, und dennoch sei es das schönste und größte Geschenk, das man sich vorstellen könne, denn dieses Geschenk sei die Liebe. Aus Liebe zu uns Menschen sei das Christuskind auf die Welt gekommen. Und wenn am Heiligen Abend alle Menschen glücklich seien und ein jeder sich mit und an den anderen freue, dann sei dies das sichere Zeichen dafür, dass das Geschenk des Christuskindes auch tatsächlich in den Herzen angekommen ist. Die Liebe nämlich könne man mit dem Herzen spüren und nur mit dem Herzen. Deshalb malten die Menschen als Zeichen für die Liebe auch gerne ein Herz aufs Papier. Und wenn auch Lukas am Heiligen Abend, wenn am Christbaum die Kerzen brennen und die Räume festlich geschmückt sind, dieses Brennen in seinem Herzen spüre, dann wisse auch er, dass das Christuskind ganz fest an ihn glaubt – und Sie seien sich ziemlich sicher, dass Lukas das Brennen spüren werde.

Angst vor dem Klo

Alles hatte so gut begonnen. Ihr Kind hatte die lästigen Windeln loswerden wollen, sich motiviert aufs Töpfchen gesetzt und dort erfolgreich sein Geschäft erledigt. Auch auf das richtige Klo ging es bald, aber seit gestern weigert es sich strikt. Es hat sogar wieder in die Hose gemacht! Sie haben mit ihm geschimpft, da hat es zu weinen angefangen, nein, es wolle nicht mehr aufs Klo!

Was tun?

Ein weitaus häufigeres Problem, als Sie vielleicht denken! Die Angst vor der Toilette ist in einem bestimmten Lebensalter weit verbreitet. Woran liegt das? Ursache ist die irreale Angst, ins Klo zu fallen und mit dem Strudel in den Abgrund gezogen zu werden. Diese Angst ist den Kindern meist völlig unbewusst, sodass sie sie oft nicht artikulieren können. Umso wichtiger ist es, über diesen Zusammenhang Bescheid zu wissen, denn dieses Wissen ist der Schlüssel zur Lösung des Problems.

Die Angst vor dem Sturz in den Abgrund, vor dem Verschlungenwerden ist eine Urangst des Menschen, etwas Angeborenes. Märchen und Mythen, literarisch kristallisierte Menschheitserfahrungen, berichten davon. Denken Sie an das Maul des Wolfes in ›Rotkäppchen‹ oder an das Märchen vom ›Eisenhans‹, in dem die Jäger in den Waldtümpel gezogen werden und ertrinken.

Sie können Ihrem Kind seine Angst in unterschiedlicher Weise nehmen. Die eine Möglichkeit ist, einen gut sitzenden Kinderaufsatz anzubringen, der die Öffnung der Kloschüssel deutlich verkleinert. Bedenken Sie, dass so ein kleiner Kinderpopo viel zu schmal ist für den großen Toilettensitz. Aber Vorsicht! Der Aufsatz muss wirklich gut passen! Nicht jeder Sitz ist für jedes Klo geeignet. Probieren Sie die verschiedenen Modelle vorher gründlich aus. Der Aufsatz darf keinesfalls wackeln oder sich verschieben lassen, sonst wird alles nur noch schlimmer!

Ein weiteres Angst auslösendes Moment ist, dass die Beine der Kinder, solange sie auf der Toilette sitzen, hilflos in der Luft baumeln und die Kleinen sich nicht abstützen können. Sie müssen mit ihren schwachen Ärmchen ihren ganzen Körper halten, die Kraft geht ihnen schnell aus, und Panik stellt sich ein. Stellen Sie deshalb stets einen Schemel oder Hocker bereit, den sich Ihr Kind ans Klo ziehen kann (rutschfest, wegen des Fliesenbodens). Wenn Ihr Kind festen Halt unter seinen Füßen spürt, fühlt es sich gleich sicherer. Es ist »geerdet« und hängt nicht länger in der Luft.

Versüßen Sie Ihrem Kind den Aufenthalt auf der Toilette, indem Sie einen CD-Player dort aufstellen, in dem eine besondere CD liegt, die es sonst nicht zu hören bekommt. So wird das Klo zu einem unterhaltsamen Örtchen, und das angstbesetzte Gefühl verschwindet bald. Haben Sie keine Sorge, dass sich Ihr Kind zu sehr an diesen Luxus gewöhnt. Die Erfahrung lehrt, dass solche Maßnahmen nur über einige Wochen notwendig sind, dann funktioniert's auch sehr gut ohne.

Einen Euro für den Bettler

Sie gehen mit Ihrem Kind durch die Fußgängerzone. Vor das Schaufenster eines Schuhgeschäftes hat sich ein ungepflegter Mann mittleren Alters hingekauert. Auf einem Pappschild neben ihm bittet er mit ungelenken Buchstaben um eine Spende. In seinem Hut, den er vor sich platziert hat, liegen bereits einige Münzen. Als er Ihr Kind sieht, hebt er die Hände flehend in die Höhe und bittet Sie um einen Euro. Ihr Kind will stehen bleiben, doch Sie drängt es weiter.

Was tun?

Es widerstrebt Ihnen, diesem offensichtlich arbeitsscheuen Bettler Geld in den Hut zu werfen. Haben Sie nicht erst neulich in der Zeitung gelesen, dass organisierte Bettlerbanden durch Deutschland ziehen, um systematisch die Gutmütigkeit der Menschen auszunutzen? In unserem Sozialstaat brauche doch keiner zu hungern oder zu frieren. Selbst dem faulsten und frechsten Menschen werde Sozialhilfe gezahlt, und zwar von Ihren Steuergeldern. Das heißt, Sie sorgen bereits dafür, dass niemand in Deutschland zu betteln braucht. Nein, wenn Sie jetzt etwas hineinwerfen, unterstützen Sie dieses unwürdige Schmarotzertum noch!

Andererseits: Sie erkennen, dass Ihr Kind durch den Anblick der Armut berührt ist. Es will dem Mann helfen, will nicht achtlos vorübergehen. Um es mit einem etwas aus der Mode gekommenen Begriff zu benennen: Ihr Kind will sich barmherzig erweisen. Es sieht die Not und will etwas dagegen tun! Und es schaut Sie an, erwartet Ihre Reaktion. Liebe deinen Nächsten! Diese Botschaft hat Ihr Kind noch verinnerlicht. Sie sollten sich darüber freuen und stolz auf Ihr Kind sein, dass es so empfindet.

Also: Bleiben Sie bitte stehen, zücken Sie Ihre Geldbörse und geben Sie dem Bettler den Euro. Besser noch: Sie geben den Euro Ihrem Kind, damit es ihn selbst in den Hut werfen kann. Vergegenwärtigen Sie sich dabei: Sie geben den Euro nicht, weil Sie auf die gespielte Not des Mannes hereinfallen, Sie geben ihn für Ihr Kind, geben ihn dafür, dass es sein mitleidiges Herz behält.

Zu Hause können Sie ihm dann in Ruhe erklären, dass in Deutschland niemand zu betteln braucht. Nehmen Sie sich Zeit dafür, ihm in groben Zügen und kindgerecht den Aufbau unseres Sozialstaats zu erklären, dieser konstitutionellen Form der Nächstenliebe. Sagen Sie ihm, dass Sie jeden Monat Steuern bezahlen, damit niemand bei uns hungert oder friert oder ohne Wohnung ist. Weisen Sie aber auch darauf hin, dass es in vielen Ländern dieser Erde anders ist, dass es Gegenden gibt, in denen Kinder verhungern und verdursten. Nehmen Sie ruhig einen Globus zur Hand und zeigen Sie diese Länder Ihrem Kind. Fragen Sie es dann, ob Sie das Geld künftig nicht lieber für die Armen in diesen Regionen spenden wollen.

Wenn Ihr Kind nickt, dann gehen Sie mit ihm zur nächsten Bank und lassen sich einen Überweisungsträger für eine Wohltätigkeitsorganisation geben. Füllen Sie diesen vor den Augen Ihres Kindes aus, und erklären Sie ihm, was Sie da machen. Zum Schluss darf Ihr Kind das Überweisungsformular selbst am Schalter abgeben. Wenn Sie noch einen Schritt weitergehen wollen, dann übernehmen Sie mit Ihrer Familie eine Patenschaft für ein Kind aus einem Armutsland. Informationen dazu erteilen alle großen Hilfsorganisationen. Sie und Ihr Kind bekommen dann in regelmäßigen Abständen Post und erfahren konkret, was mit Ihrem Geld Gutes geschieht.

Wenn Ihr Kind das Baby schlägt

Ihr Glück ist perfekt. Nun hat Ihr Junge noch ein Geschwisterchen bekommen, ein süßes kleines Mädchen. Bereits seit ein paar Tagen sind Sie wieder daheim, als etwas Schlimmes passiert. Sie haben Ihre Kleine nach dem Stillen in ihren Stubenwagen gelegt und sind gerade in die Küche gegangen. Da hören Sie plötzlich Schreie. Ihr Baby! Sofort laufen Sie zurück und sehen, wie Ihr Sohn sich über den Stubenwagen beugt und mit der Rassel nach der Kleinen schlägt, bevor er kehrt macht und geradewegs in Ihre Arme läuft.

Was tun?

Schlagen Sie ihn nicht! Schreien Sie ihn auch nicht an! Damit wir uns nicht falsch verstehen: Wir wollen die Handlung Ihres Sohnes keinesfalls rechtfertigen oder entschuldigen, im Gegenteil! Sie können sicher sein, dass er genau wusste, was er tat. Das war keine verunglückte Aufforderung zum Spielen, kein ungeschickter Versuch der Kontaktaufnahme. Das war eine klare aggressive Handlung, gespeist aus dem Ärger darüber, dass die Kleine nun Ihre ganze Zärtlichkeit und Zuwendung für sich zu beanspruchen scheint.

Ihrem Sohn ist plötzlich erschreckend deutlich geworden, dass er seine geliebte Mama nun teilen muss, ja, dass sie die Kleine anscheinend sogar lieber hat. Nein, nein, er ist doch nicht blind! Woher kommt denn der Glanz in Ihren Augen, wenn Sie die Kleine auf den Arm nehmen, woher dieses zärtliche Lächeln, diese überfließende Liebe in Ihrem Blick? Es ist, wie es ist. Das Baby hat sich in Ihr Herz geschlichen, und in Ihrem Sohn tobt nun die schlimmste Eifersucht.

Eifersucht aber ist eine der heftigsten Emotionen, nicht nur im Kindesalter. Den friedlichsten Menschen kann sie zu den dunkelsten Handlungen treiben. Nun sind Sie Zeugin einer solchen geworden. Ihr Sohn steht auf frischer Tat ertappt vor Ihnen. Sie müssen reagieren, aber wie? Ihr erster Impuls ist, ihn anzuschreien und dabei hart anzufassen. Tun Sie das nicht! Damit würden Sie alles nur noch schlimmer machen! Der Verdacht Ihres Sohnes, dass Ihre ganze Liebe der Kleinen gilt, würde sich dadurch lediglich verstärken.

Reagieren Sie stattdessen paradox! Nehmen Sie Ihren Sohn in den Arm. Setzen Sie sich mit ihm auf das Sofa, halten Sie ihn fest und streicheln Sie ihn. Sie werden sehen, nach einer Weile wird sich seine Anspannung, der Widerstand seines kleinen Körpers legen. Langsam wird er ruhiger werden.

Kann sein, dass er in Ihren Armen zu weinen anfängt. Lassen Sie ihn nur. Er weint dann über sich selbst, darüber, wie falsch er gehandelt hat, über seine Bosheit und Schlechtigkeit. Es sind Tränen der Reue, und sie sind gut und wichtig. Sie entlasten seine Seele und führen die Eifersucht auf die ihr zugrunde liegende Emotion zurück: auf die Trauer darüber, die Liebe der Mutter verloren zu haben. Tränen sind der ureigenste Ausdruck und zugleich die Überwindung der Trauer. Und mit der Trauer wird auch die Eifersucht nachlassen.

Wichtig dabei: Sie brauchen keine großen Worte zu machen, brauchen nicht zu fragen: Warum hast du das getan? Eine unnötige Frage, die meist keine Einsicht oder Veränderung bewirkt. Bleiben Sie ruhig und still neben Ihrem Sohn sitzen und drücken Sie ihn weiter an sich. Wenn er sich ausgeweint hat, trocknen Sie seine Tränen und fragen ihn, ob er Ihnen nicht in der Küche helfen möchte.

Horror im Kino

Sonntagnachmittag. Es regnet. Nichts wird's mit dem geplanten Ausflug zum Badeweiher. Was kann man bei dem Wetter sonst noch unternehmen? Sie blättern in der Zeitung. Im Kino läuft der neue Disney-Film! Ihr Kind ist sofort begeistert von der Idee. Also fahren Sie los.

Auch andere Familien sind auf diesen Gedanken gekommen, und so herrscht vor den Kassen bereits ein hübsches Gedränge. Mit etwas Glück bekommen Sie noch zwei Plätze. Schnell eine Tüte Popcorn besorgt, und hinein in den Saal. Da geht auch schon das Licht aus und die Vorstellung beginnt.

Doch was ist das? Statt der erwarteten lustigen Disney-Figuren erscheint etwas ganz anderes auf der Leinwand. Neblige Schatten tauchen auf, eine dunkle Musik ertönt, und eine noch dunklere Stimme berichtet von einem Geheimnis, das sich tief unter dem Eis der Antarktis verbirgt. Ein Forscherteam ist zu sehen, das zu einer einsamen Höhle vordringt. Ein seltsames Wesen liegt regungslos am Boden … Ihnen wird zunehmend mulmiger zumute. Offensichtlich läuft hier die Vorschau für einen Gruselfilm ab. Mit geweiteten Augen blickt Ihr Kind wie gebannt auf die Leinwand. Eine Forscherin beugt sich über das unförmige Wesen, als es sich plötzlich zu erheben beginnt …

Was tun?

Sie haben völlig Recht mit Ihrer Vermutung! Hier wird für einen Gruselfilm geworben! Und in solchen Vorschauen wird immer das Übelste vom Üblen gezeigt. In wenigen Sekunden werden Sie in die fürchterliche Fratze des Monsters starren, eines frostgeschädigten Untoten mit schwarzen, ungesunden Ringen unter den Augen. Trotz seiner morschen, zerfallenden Gliedmaßen ist er noch fit genug, die Forscherin grausam zu zerstückeln.

Ihr erster gesunder Impuls ist, den Kinosaal zu verlassen. Doch dafür ist es zu spät. Sie sitzen eingekeilt am Ende der Reihe. Jetzt gibt's nur eins: Beugen Sie sich sofort über Ihr Kind, und zwar so, dass es nichts mehr auf der Leinwand sehen kann. Dann lenken Sie es ab. Machen Sie irgendeinen Blödsinn. Kitzeln Sie es meinetwegen, oder pusten Sie es am Hals. Machen Sie sich keine Gedanken darüber, was die anderen Kinobesucher von Ihnen halten mögen. Die seelische Gesundheit Ihres Kindes geht vor.

Machen Sie lauten Lärm, übertönen Sie die Angstschreie der Forscherin, das Brechen der Knochen und das unschöne Geräusch einer zerplatzenden Schädelkalotte. Erst wenn das grausame Spektakel zu Ende ist, was erfahrungsgemäß nicht länger als eine Minute dauert, können Sie sich wieder in Ihren Sessel fallen lassen und den nun beginnenden Disney-Film genießen.

Vermeiden Sie es, Ihren berechtigten Ärger nach der Vorstellung bei der Kassiererin loszuwerden. Das ist die falsche Adresse. Nehmen Sie lieber die Mühe auf sich, einen Brief an den Kinobetreiber zu schreiben. Schildern Sie ihm anschaulich die durchlebte Situation. Fordern Sie ihn auf, dafür zu sorgen, dass so etwas nicht mehr vorkommt. Und teilen Sie ihm mit, dass Sie eine Kopie dieses Schreibens an das städtische Jugendamt schicken werden. Dann haben Sie alles in Ihrer Macht stehende unternommen, um nicht nur Ihr Kind, sondern auch viele andere künftig vor einem Trauma zu bewahren.

Der Vater ist weg!

Er ist weg! Ihr Mann ist weg! Sie kommen von einem Nachmittag bei Ihrer Mutter zurück, und Ihr Mann ist weg! Auf und davon! Koffer gepackt und ausgezogen. Auf dem Küchentisch ein kleiner Zettel mit einer kurzen Nachricht, das ist alles. Ein knappes Statement, sonst nichts. Während Ihre Kinder ahnungslos ins Wohnzimmer rennen, sinken Sie auf der Küchenbank nieder. Natürlich hat es nicht mehr gestimmt in Ihrer Ehe, schon lange nicht mehr, aber damit hätten Sie nie gerechnet. Nicht jetzt, nicht auf diese Weise! Davongestohlen hat er sich, wie ein Dieb in der Nacht.

Ihnen ist, als wäre ein Hammer auf Sie niedergesaust. Ihr Kopf dröhnt, heftig wirbeln Ihre Gedanken durcheinander. Was soll jetzt werden? Aus Ihnen, aus den Kindern? Wie wird es weitergehen? Das kann er doch nicht machen! Sie einfach so sitzen lassen! Dieser feige Kerl, dieser Halunke! Was hat er sich dabei gedacht? Dumpf starren Sie auf den Zettel, lesen die paar dürftigen Zeilen wieder und wieder, da kommen Ihre Kinder aus dem Wohnzimmer zu Ihnen in die Küche gelaufen.

Was tun?

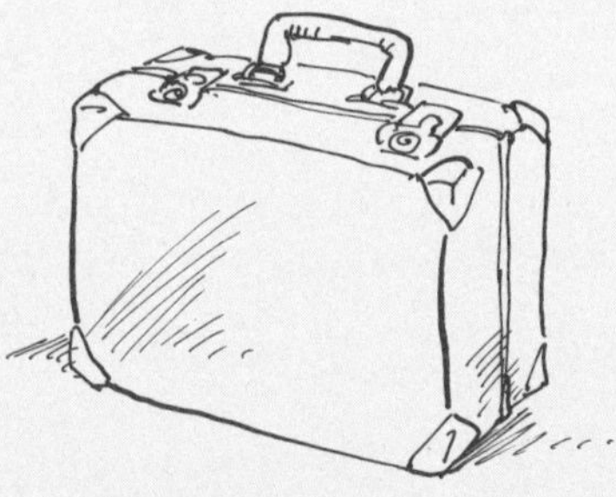

Rufen Sie als Erstes Ihre Mutter an! Sofort! Sie muss auf der Stelle zu Ihnen kommen! Wenn die Oma nicht kann, rufen sie jemand anderen an, zu dem Sie und Ihre Kinder Vertrauen haben. Die Patin oder eine Freundin. Machen Sie jetzt nicht den Fehler, aus Scham oder Verzweiflung niemanden zu informieren. Sie brauchen jetzt dringend Hilfe und Unterstützung und Ihre Kinder mindestens genauso! Allein zu sein würde alles noch viel schwerer machen.

Wenn Sie weinen müssen, schämen Sie sich nicht! Lassen Sie Ihren Tränen freien Lauf. Und sagen Sie Ihren Kindern die Wahrheit. Nehmen Sie keine falsche Rücksicht, ein Trauma ist eh nicht mehr zu vermeiden. Denn wenn die Kinder auch noch das Vertrauen zu Ihnen verlieren, würde das die Situation nur verschlimmern. Sagen Sie ihnen, was passiert ist, sagen Sie ihnen, dass der Vater Sie verlassen hat und dass Sie nicht wissen, ob er wieder zurückkommt. Zeigen Sie ihnen den Zettel, und lesen Sie ihn vor. Spätestens jetzt werden auch Ihre Kinder in Tränen ausbrechen. Lassen Sie sie damit nicht allein! Halten Sie sie ganz fest und weinen Sie mit ihnen zusammen.

Eine Katastrophe ist passiert, eine der größten Katastrophen, die einer Familie zustoßen kann. Da braucht sich niemand seiner Tränen zu schämen. Jede andere Reaktion wäre unpassend und würde die notwendige Trauerarbeit nur behindern. Wenn der erste Tränenstrom allmählich schwächer wird, dann sagen Sie Ihren Kindern aber auch, dass es nichts, aber auch überhaupt nichts mit ihnen zu tun habe, dass der Vater gegangen ist. In dem kindlichen Denken machen sich nämlich nicht selten Schuldgefühle breit, die das Trauma nochmals massiv verstärken. Auch wenn die Kinder solche Gedanken nicht formulieren, können Sie keinesfalls sichergehen, dass sie sich nicht doch in ihr Gewissen eingeschlichen haben. Völlig harmlosen und banalen Auseinandersetzungen, die die Kinder in der letzten Zeit mit ihrem Vater hatten, messen sie plötzlich eine ungeahnte Bedeutung bei. Weil sie abends nicht pünktlich zu Bett gegangen sind, weil sie die väterliche Anweisung nicht befolgt haben, beim Essen nicht zu zanken, glauben sie, den Vater herausgeekelt zu haben. Dieser Gedanke wird im Nachhinein durch die Wahrnehmung gestützt, dass der Vater sich ihnen gegenüber tatsächlich zunehmend gereizter verhielt, was jedoch völlig andere Ursachen hatte. Also entlasten Sie die Kinder von möglichen Schuldgefühlen!

Sagen Sie ihnen klipp und klar, dass sie nichts dafür können! Sagen Sie ihnen aber auch genauso deutlich, wie enttäuscht Sie vom Verhalten des Papas sind. Dass es sich nicht gehört, einfach davonzulaufen. Dass es eine Gemeinheit ist, sich heimlich wegzustehlen und Ihnen nur einen dürftigen Zettel als Erklärung zu hinterlassen. Machen Sie aus Ihrem Herzen keine Mördergrube. Beachten Sie jedoch dabei: Verurteilen Sie bitte nur das schändliche Verhalten des Vaters, seine Feigheit, seine offensichtliche Unfähigkeit, sich Ihnen gegenüber zu erklären. Machen Sie ihn nicht als Person, schon gar nicht als Vater schlecht! Das würde in der Seele Ihrer Kinder nur neues Unheil hervorrufen.

Sagen Sie ihnen aber durchaus in aller Offenheit, dass sie ein Recht haben zu erfahren, warum er gegangen ist. Und zwar nicht von einem Dritten, sondern vom Vater selbst! Sagen Sie ihnen, Sie würden versuchen, den Vater anzurufen und ihn um eine Erklärung zu bitten, und dass

Sie – auch wenn's Ihnen schwerfällt – versuchen wollen, ihn wieder hierherzubekommen, damit er seine Gründe nennt. Lassen Sie die Kinder diese Nacht mit in Ihrem Bett schlafen. Es wird den Kindern helfen und Ihnen in gleicher Weise.

Wenn der Fahrstuhl stecken bleibt

Sie müssen sich in den sechsten Stock des Rathauses begeben und nehmen dazu den Fahrstuhl. Plötzlich gibt es einen Ruck, und Sie stecken fest. Die Tür lässt sich nicht mehr öffnen.

Sie sind mit Ihrem Kind allein. Hastig drücken Sie den Notrufknopf, aber nichts geschieht. Sie öffnen Ihre Tasche und suchen nach dem Handy. Doch vergeblich, Sie müssen es im Auto gelassen haben. Ängstlich blickt Sie Ihre Tochter an.

Was tun?

Keine Panik! Sie sind in einem öffentlichen Gebäude, es ist lange vor Büroschluss, jemand wird schon bald bemerken, dass der Fahrstuhl klemmt, und Hilfe holen. Fahrstühle sind gut gesichert. Selbst wenn der Strom ausfällt, können Sie nicht abstürzen. Niemals! Vielleicht hat der Notrufknopf ja auch bereits den Hausmeister alarmiert.

Sie können momentan nichts weiter machen, als sich um Ihre Tochter zu kümmern. Und das ist jetzt sogar dringend notwendig. Auch für Sie! Je mehr Sie sich um Ihr Kind kümmern, desto ruhiger bleiben Sie selbst. Sagen Sie Ihrer Tochter, Hilfe sei unterwegs. Das ist keineswegs gelogen: In Deutschland ist noch niemand skelettiert aus einem stecken gebliebenen Fahrstuhl gezogen worden.

Schlagen Sie Ihrer Tochter vor, gemeinsam ein Spiel zu spielen. Ihnen fällt keines ein? Nehmen Sie das folgende, das können Sie überall spielen: Sie nennen einen Tiernamen, und Ihr Kind muss sich einen einfallen lassen, dessen erster Buchstabe mit dem letzten Buchstaben Ihres Wortes beginnt. Sie sagen beispielsweise: »Affe!« Darauf Ihre Tochter: »Elefant!« Jetzt sind Sie wieder an der Reihe: »Tiger!« – »Rentier!«, sagt Ihre Tochter stolz und so weiter und so fort.

Fällt keinem mehr ein neues Tier ein (meistens gehen einem die »E-« und die »R-«Tiere aus), und der Hausmeister rührt sich immer noch nicht, spielen Sie das »Wir-reimen-ein-Gedicht«-Spiel. Das geht so: Sie beginnen mit einem einfachen Satz und sagen zum Beispiel:

»Es war einmal ein Hund ...«

Jetzt muss sich Ihre Tochter einen Reim auf »Hund« einfallen lassen und einen neuen Satz dranhängen:

»Der war ganz klein und bunt!
Und hatte einen großen Knochen ...«
Jetzt wieder Sie:
»Den wollt er sich zu Mittag kochen.
Den Knochen aber stahl ganz frech ...«
Und so weiter.

Ist der Hausmeister immer noch nicht da, stoßen Sie einen stillen Fluch aus und spielen nun das »Ich-packe-meinen-Koffer« -Spiel.

Sie kennen es nicht? Es geht so: Sie sagen: »Ich packe meinen Koffer und nehme meine Zahnbürste mit!« Jetzt ist Ihre Tochter dran: »Ich packe meinen Koffer und nehme meine Zahnbürste und meine Puppe mit!« Jetzt wieder Sie: »Ich packe meinen Koffer und nehme meine Zahnbürste, meine Puppe und die Hausmeister-ich-weck-dich-Glocke mit!« So machen Sie weiter, bis Sie endlich befreit werden.

Im Nachhinein ärgern Sie sich wahrscheinlich schrecklich über sich selbst. Andere erleben doch ganz was anderes! Ihre beste Freundin zum Beispiel reist abenteuerlustig den Amazonas hinauf, und Sie fürchten sich vor den paar Minuten allein in einem mitteleuropäisch-zivilisierten Aufzug! Schämen Sie sich aber nicht! Dafür gibt es keinen Grund! Die Angst vor dem Fahrstuhl ist – so seltsam das klingen mag – eine Urangst des Menschen. Verhaltensbiologen behaupten, allen unseren Ängsten lägen eigentlich nur zwei Urängste zugrunde, und diese stünden sich diametral entgegen.

Am Hasen, dem klassischen Sinnbild für Angst, sei dies verdeutlicht. Urangstsituation Numero eins ist das Sitzen auf einem völlig freien, kahlen Feld. In solch einer Situation ist der Hase einem potenziellen Feind (Bussard, Hund oder Wolf) schutzlos ausgeliefert, ein sicheres Versteck ist in weiter Ferne. Dieser archaischen Urangst, so die Verhaltensbiologen, entspricht beim Menschen die Agoraphobie, die Platzangst. Viele Menschen fühlen sich äußerst unwohl, wenn sie alleine einen großen, leeren Platz überqueren sollen. Die meisten wählen daher lieber den Umweg an den Rändern des Platzes entlang.

Urangstsituation Numero zwei für das Hasentier ist das Feststecken im zu dichten Unterholz einer Hecke, ohne die Möglichkeit eines rettenden Fluchtwegs. »Man sitzt in der Klemme!«, sagt der Volksmund. Nun ist nicht mehr der Mangel an Schutz Ursache der Angst, sondern der Mangel an Fluchtmöglichkeiten, der fehlende Ausweg. Die Analogie zu dieser Urangst ist bei uns Menschen die Klaustrophobie, die Angst vor engen, geschlossenen Räumen. In einer solchen Situation befanden Sie sich während Ihres unfreiwilligen Aufenthalts im Fahrstuhl.

Sie sehen, Ihre Angst ist also keinesfalls unnatürlich, sondern, im Gegenteil, höchst natürlich, weil biologisch determiniert. Sie sitzt fest in unseren Genen, und es gibt keinen Grund, sich ihrer zu schämen.

Nebenbei bemerkt: Fühlen Sie sich beim Einkauf in Arkadengängen auch so wohl? Dann wissen Sie jetzt, warum! Denken Sie an die beiden Urängste: Arkaden bieten uns einerseits viele Versteckmöglichkeiten in Form von Geschäftseingängen, andererseits aber auch genügend Fluchtmöglichkeiten hinaus ins Freie. (Dass die erstgenannten Möglichkeiten eher die weiblichen Ängste mindern, die zweiten dagegen eher die männlichen, muss erst noch genauer untersucht werden.)

Opa hängt in der Scheune

Geh, schau doch mal nach, wo der Opa bleibt!«, sagt Ihre Schwiegermutter zu Ihrem Kind, während Sie alle schon um den Tisch sitzen, auf dem der Braten dampft. Bereitwillig macht sich Ihr Sohn auf den Weg und läuft hinüber zu der Scheune, in der Opa vor einer Weile verschwunden ist.

Kurz darauf steht Ihr Sohn wieder in der Küche. Aber, mein Gott, wie sieht er aus! Käseweiß ist er und bringt nur noch unverständliche Laute hervor. Etwas Schreckliches muss passiert sein! Sofort springen Sie auf und laufen zur Scheune hinüber. Durch die offen stehende Tür sehen Sie schon die Beine baumeln. Ihnen stockt der Atem als Sie näher herantreten. Da hängt er, der Opa, an einem starken Querbalken hat er sich aufgeknüpft. Abrupt drehen Sie sich um und laufen zum Haus zurück. Alle starren Sie an, allen voran Ihr Sohn.

Was tun?

Sagen Sie nicht, der Fall sei konstruiert, so etwas käme doch nicht vor! Einer gründlichen Untersuchung zufolge werden zwölf Prozent aller Suizidopfer von Kindern aus der Verwandtschaft gefunden.

Also, was tun? Natürlich kommt jetzt jede Hilfe zu spät. Dennoch müssen Sie etwas tun, müssen handeln! Schnell greifen Sie sich das Bratenmesser und rufen den anderen zu, sie sollen den Notarzt alarmieren! Dann laufen Sie hinüber zur Scheune, klettern auf die Balken hinauf und schneiden den Strick durch, sodass Ihr Schwiegervater in das Stroh plumpst. Dann springen Sie hinterher, lockern den Strick und ziehen ihn vorsichtig über seinen Kopf. Der Opa rührt sich nicht mehr. Prüfen Sie dennoch seine Vitalfunktionen, achten Sie auf Atmung und Kreislauf. Mit höchster Wahrscheinlichkeit ist er nicht mehr wiederzubeleben. Machen Sie dennoch einen entsprechenden Versuch, so, wie Sie es im Erste-Hilfe-Kurs gelernt haben.

Auch die anderen Familienmitglieder sind mittlerweile herbeigelaufen und schauen Ihnen aus einiger Distanz erschrocken zu. Wenn Ihr Sohn mit dabei ist, schicken Sie ihn nicht weg! Ziehen Sie den Opa zunächst auf festen Grund. Das Stroh, das gut gewesen ist, den Fall abzubremsen, wäre zu weich für die Herzmassage – der Verunglückte würde bei jedem Stoß auf seinen Brustkorb mitfedern, und die Herzmassage bliebe wirkungslos. Wenn Sie merken, dass alle Ihre Bemühungen umsonst sind, teilen Sie das den anderen mit. Sprechen Sie aus, was passiert ist: »Der Opa ist tot!« Es ist sehr wichtig für Ihr Kind, dass dieser Satz tatsächlich fällt: »Der Opa ist tot!« So hart er auch klingen mag, doch jeder Beschönigungsversuch wäre völlig verfehlt.

Bedenken Sie: Als Ihr Kind den Toten hängen sah, da hat sich der Erhängte noch leicht im Kreis gedreht und wohl auch noch etwas geschaukelt. Bewegung aber verknüpfen wir in unserem Gehirn automatisch mit Leben, und so ist das Feststehen des Todes Ihrem Sohn noch keineswegs klar.

Nachdem Sie den Tod festgestellt haben, ist nun Folgendes wichtig: Lassen Sie die Leiche keinesfalls alleine. Es wäre schlimm für Sie alle, und das grausame Gefühl würde sich noch weiter verstärken. Nein, bleiben Sie bei dem Toten! Schließen Sie seine Augen, und falten Sie seine Hände. Legen Sie ihm ruhig auch eine Decke unter den Kopf. Dann gehen Sie zu Ihrem Sohn und drücken ihn an sich. Wenn Sie möchten, beten Sie zusammen. Ihr Sohn wird das nicht können, es wird eine Weile dauern, bis er die Sprache wiederfindet. Auch Ihnen wird das Beten vermutlich sehr schwerfallen. Gut ist es deshalb, wenn Sie über ein fertig formuliertes Gebet verfügen. Nehmen Sie etwa das »Vater unser«.

Religiöse Rituale zeigen ihren tiefen Sinn und Wert gerade in solchen Extremsituationen. Sie können helfen, ein Ereignis, das völlig außerhalb unserer Vorstellungswelt zu liegen scheint, in unser Leben zu integrieren, und eine solche Integration ist wichtig, um Verarbeitung möglich zu machen. Jede Abspaltungstendenz erschwert die Trauerarbeit und die Chance eines Abschieds. Religiöse Rituale können aber nur gelingen, wenn – wie das Wort »Ritual« besagt – der Umgang mit ihnen regelmäßig eingeübt wurde. Sie können sich in diesem Moment glücklich schätzen, wenn das Beten Ihnen zur Gewohnheit geworden ist – es wird Ihnen sehr helfen.

Halten Sie weiter Körperkontakt zu Ihrem Kind. Wenn es

bereits zum jetzigen Zeitpunkt weinen kann, ist schon vieles leichter. Es ist aber keinesfalls selbstverständlich. Manche Kinder wirken in solchen Situationen seltsam unberührt und unbeteiligt. Sie haben das Gefühl, als würde lediglich ein schlechter Film vor ihnen ablaufen. Sie derealisieren die Situation, das heißt, sie spalten das schreckliche Erlebnis von der Wirklichkeit ab. Das ist ein archaischer Schutzmechanismus, der aber höchst trügerisch ist, weil er uns zwar zunächst Distanz verschafft und uns entlastet, wir jedoch später dafür oft bitter bestraft werden. Je klarer Ihr Kind begreifen lernt, was tatsächlich passiert ist, umso leichter wird ihm die notwendige Verarbeitung fallen.

Zu den archaischen Reaktionen gehört auch ein völliges Erstarren. Berührung hilft diese Lähmung zu durchbrechen. Nicht von ungefähr leitet sich das Wort »Berührung« von »rühren«, also von »bewegen« ab. Halten Sie Ihren Sohn also weiterhin fest und streicheln Sie ihn. Wenn er dann von sich aus näher zum Opa treten will, hindern Sie ihn nicht daran. Begleiten Sie ihn stattdessen. Manchmal kommt es vor, dass ein Kind einen geliebten Toten plötzlich noch einmal umarmen möchte. Auch eine solche Reaktion müssen Sie unbedingt zulassen. Die meisten Kinder aber haben eine instinktive Scheu vor einer Leiche. Auch das muss respektiert werden.

Zwingen Sie Ihr Kind in einer solchen Situation nicht zu etwas, das es nicht mag. Um Ihren Sohn aus seiner Erstarrung zu lösen, kann es hilfreich sein, ihn zu bitten, etwas aus dem Haus zu holen, Opas Mantel etwa, um ihm diesen überzulegen, oder eine Kerze, die Sie neben ihm aufstellen. Ansonsten halten Sie weiterhin Kontakt zu Ihrem Kind. Die

Oma wäre nämlich damit überfordert. Schicken Sie es auch nicht weg, wenn die Polizei eintrifft. Berichten Sie der Polizei so sachlich wie möglich, was passiert ist. Wenn der tote Opa dann zur Gerichtsmedizin gefahren werden soll (was bei einer unnatürlichen Todesursache meist veranlasst wird), lassen Sie Ihr Kind durchaus Zeuge sein, wie der Opa in den Blechsarg gelegt und davongefahren wird. So hat es nun mit den eigenen Augen wahrgenommen, dass Opa nicht mehr in der Scheune liegt. Auch das wird ihm helfen, schlimme Fantasien zu vermeiden.

Immer aber gilt: Sollte es zu viel für Ihr Kind werden und es zurück ins Haus laufen, halten Sie es nicht auf! Lassen Sie es aber nicht lange allein, sondern gehen Sie hinter ihm her und trösten Sie es. Am selben Tag noch kann Ihr Kind den Wunsch äußern, ein Gesellschaftsspiel mit Ihnen zu spielen. Und auch wenn Ihnen überhaupt nicht zum Spielen zumute ist, überwinden Sie sich. Der Wunsch nach einem Spiel entspringt nicht dem Wunsch nach reinem Zeitvertreib, sondern gründet tiefer. Es ist letztlich der Wunsch, dass wieder ein Stück Normalität einkehrt, und Normalität und Routine sind jetzt auch dringend notwendig, um das schreckliche Erlebnis einordnen und integrieren zu können. Lassen Sie Ihr Kind, wenn es dies möchte, diese Nacht in Ihrem Zimmer schlafen.

Etwas sehr Schwieriges steht Ihnen noch bevor: Sie müssen Ihrem Kind den Grund für Opas Tat erläutern! Ein Selbstmord lässt die Angehörigen in besonderer Weise schockiert zurück und kann unerträgliche Schuldgefühle aktivieren. Bohrende Fragen tauchen auf: Hat der Tod etwas mit mir zu tun? Habe ich seelische Not nicht erkannt? Hat der Tote vielleicht Signale gegeben, die wir übersehen haben oder nicht sehen wollten? Schuldgefühle – und das sollten Sie keinesfalls außer Acht lassen – könnten auch Ihr Kind befallen. Deshalb braucht es eine Erklärung, muss die Handlung, so unverständlich sie ihm erscheinen mag, auf seine Weise verstehen können.

Wenn der Opa zum Beispiel an einer schweren, vielleicht sogar äußerst belastenden Erkrankung litt, welche auch eine seelische Erkrankung gewesen sein kann (zum Beispiel schwere Depressionen oder auch eine Alkoholkrankheit) sollte dies nicht verheimlicht, sondern mit dem Kind unbedingt ehrlich besprochen werden. Wenn Ihnen selbst die Motive für den Selbstmord unbekannt sind, teilen Sie auch das Ihrem Kind mit. Sagen Sie ihm die Wahrheit. Dass der Opa sicher Gründe für seine Tat gehabt habe, dass Sie sie aber nicht oder noch nicht kennen. Nochmals und in aller Deutlichkeit: Ihr Kind muss unbedingt wissen, dass es ein Selbstmord gewesen ist. Verheimlichen Sie die Todesursache nicht! Sprechen Sie nicht von einem Unfall! Nichts ist schlimmer, als wenn Ihr Kind zufällig von einem Dritten die wahre Todesursache erfährt! Es wird sich verraten fühlen und betrogen. Und Sie müssen auf jeden Fall damit rechnen, dass über den Tod des Opas geredet wird – auch beim Metzger oder beim Bäcker. Ein Suizid lässt niemanden unberührt.

Es ist schwierig, in solch einer Situation alles richtig zu bedenken und auch so zu handeln. Doch auch wenn es Ihnen gelingen sollte, ist eine fachspezifische Traumatherapie oft zusätzlich notwendig, um zu verhindern, dass sich das Bild des am Strick baumelnden Opas übermächtig in das kindliche Gehirn einbrennt.

Wenn die Freundin entführt wird

Heute Morgen bleibt der Platz neben Ihrer Tochter in der Schule leer. Wo ist Jenny? Niemand weiß, wo sie steckt. Jenny ist die beste Freundin Ihrer Tochter. Nein, ihre Mutter hat nicht angerufen und sie entschuldigt. Und trödeln tut Jenny doch auch nicht! Nachdem sie in der zweiten Stunde immer noch nicht aufgetaucht ist, ruft die Klassenlehrerin bei den Eltern an. Plötzlich herrscht helle Aufregung: Etwas muss mit Jenny passiert sein! Sie hat wie jeden Morgen pünktlich das Haus verlassen! Schulleitung und Polizei werden informiert. Die Lehrerin will den Unterricht möglichst normal weiterführen, aber alle sind nervös und angespannt. Jenny bleibt verschwunden. All das erfahren Sie mittags von Ihrer Tochter, die sich in höchster Aufregung befindet.

Was tun?

Fragen Sie Ihre Tochter, ob sie mithelfen will, nach Jenny zu suchen! Das ist die erste und wichtigste Frage, die Sie ihr stellen sollten. Selbst wenn die Chance äußerst gering ist, dass Sie Jenny finden werden, so tun Sie doch das, was nahe liegt und was das grausame, passive Abwarten vermeidet. Tätige Mithilfe ist die beste Traumaprophylaxe.

Rufen Sie bei Jennys Eltern an. Haben Sie keine Angst davor. Bieten Sie Ihre Hilfe an. Fragen Sie, ob jemand die Suche bereits koordiniert und wo Sie anfangen sollen. Sie können sicher sein, in einer solchen Extremsituation ist jede Mutter und jeder Vater froh über so ein Angebot. Und Ihrem Kind vermitteln Sie die wichtige Botschaft, dass es darauf ankommt, jemanden in Not nicht allein zu lassen. Dann gehen Sie mit Ihrer Tochter auf die Suche. Sie brauchen sich nicht in Spekulationen darüber zu verlieren, was passiert sein könnte. Wenn Ihr Kind Sie allerdings danach fragen sollte, geben Sie ihm ehrlich Antwort.

Wenn Sie nach ergebnisloser Suche wieder nach Hause kommen und es schon dunkel geworden ist, stellen Sie eine Kerze ins Fenster und lassen Sie Ihr Kind sie anzünden. Wenn Sie an Gott glauben, sprechen Sie ein Gebet und schließen Sie die Bitte darin ein, dass Jenny bald wieder daheim bei ihren Eltern ist. Viel mehr können Sie jetzt nicht tun. Bringen Sie diese Erstmaßnahmen dadurch zum Abschluss, dass Sie Ihr Kind fragen, was es jetzt tun möchte. Wenn es ein Spiel spielen will, stimmen Sie dem zu. Die Rückkehr zur Normalität ins Alltagsleben ist schwierig, wird aber von den Kindern fast selbstverständlicher vollzogen als von uns Erwachsenen. Unterstützen Sie Ihr Kind dabei. Keine Angst: Trotz des schlimmen Ereignisses darf auch an einem solchen

Tag noch gelacht werden. Heiterkeit kann helfen, die bedrückende Situation aufzuhellen. Eine krampfhaft beibehaltene Sorgenmiene hilft niemandem.

Sollte es auch in den nächsten Tagen kein Lebenszeichen von Jenny geben, so ist dringend eine psychologische Betreuung der ganzen Klasse notwendig. Entsprechende Krisenpläne gibt es in den meisten Bundesländern. Im Klassenverband, gemeinsam mit den Mitschülern, fällt die Bearbeitung leichter. Eine von vielen sinnvollen Maßnahmen kann dabei sein, das vermisste Kind regelmäßig in das Morgengebet einzuschließen und auch im Klassenraum eine Kerze für es brennen zu lassen.

Die Kinder müssen dann auf die schlimme Möglichkeit vorbereitet werden, dass Jenny nicht mehr lebt. So fürchterlich es klingt: Je schneller Jennys Leiche gefunden wird, desto besser! Nichts ist grausamer, nichts zermürbender, als eine lange Zeit der Unsicherheit: Der Abschied wird damit unmöglich gemacht, trügerischen Hoffnungen wird Tür und Tor geöffnet. Nicht selten etwa passiert es, dass jemand das entführte Kind gesehen haben will und man daraufhin ständig zwischen Hoffen und Bangen hin und her geworfen wird.

Wird dann der Leichnam gefunden, ist oft ein ergreifender gemeinsamer Abschied möglich, der für alle Trauernden eine große Hilfe ist und an dem Sie sich auch unbedingt zusammen mit Ihrer Tochter beteiligen sollten. Eine große Trauerfeier mit vielen persönlichen Zeichen und Gesten ist ein großer Trost und eine echte Chance, in würdiger Weise Abschied zu nehmen.

Sehr wichtig wird für Sie auch sein, den eigenen Schock

und die damit einhergehenden Ängste zu bewältigen. Es ist selbstverständlich, dass man nach so einem Vorfall, der sich nicht irgendwo in weiter Ferne, sondern in der eigenen Nachbarschaft ereignet hat, sein eigenes Kind mit Argusaugen überwacht, ihm bisher gewährte Freiheiten wieder nimmt, es wieder zur Schule begleitet und es nicht alleine auf den Spielplatz lässt.

So verständlich diese Reaktion ist: Verfallen Sie nicht in Hysterie! Stellen Sie sich stets die Frage, ob Ihre Maßnahmen nicht überzogen sind und ob sie nicht eher der eigenen Beruhigung dienen als dem Schutz Ihres Kindes. Sie tun ihm auf Dauer keinen Gefallen damit, sondern verstärken seine Ängste und Unsicherheit nur.

Als Faustregel gilt: Nach maximal einer Woche sollte Ihr Kind wieder die Freiheiten haben, die es früher bereits hatte. Sonst übertragen Sie womöglich das eigene Trauma auf das Kind. Nützlich und hilfreich ist hier eine möglichst einheitliche Haltung aller Eltern. Ein Elternabend unter fachkundiger Leitung, etwa durch eine Schulpsychologin oder einen Notfallseelsorger, kann zur notwendigen Normalisierung beitragen. Sprechen Sie die Schulleitung darauf an!

Der Autounfall

Sie hatten die Bremslichter des vorausfahrenden Fahrzeugs gerade noch wahrgenommen, aber Ihr Hintermann konnte nicht mehr rechtzeitig reagieren. Mit einem gewaltigen Stoß katapultiert er Sie auf das vor Ihnen stehende Auto, es gibt ein hässliches Geräusch, der Autoatlas fliegt haarscharf an Ihrem Kopf vorbei, mit einem riesigen Knall öffnen sich die vorderen Klappen, und die weißen Airbags schießen Ihnen entgegen. Ebenso abrupt kommen Sie wieder zum Stehen. Einen Moment herrscht Stille, dann fängt Ihr Kind auf der Rückbank an zu schreien.

Was tun?

Sie stecken nun in der Schwierigkeit, viele Dinge gleichzeitig tun zu müssen. Zunächst müssen Sie sich vergewissern, dass niemand von Ihrer Familie verletzt wurde, dann müssen Sie mithelfen, die Unfallstelle zu sichern, Sie müssen eventuell Verletzten in den anderen Autos zu Hilfe eilen, und außerdem müssen Sie sich um Ihr schreiendes Kind kümmern. Wie und in welcher Reihenfolge sollen Sie reagieren?

Wenn Ihr Partner dabei ist, ist alles viel leichter, weil Sie dann arbeitsteilig vorgehen können. Während Ihr Partner das Warndreieck platziert, bleiben Sie beim Kind, kümmern sich und trösten es. Solange die Unfallstelle nicht gesichert ist, sollten Sie den Wagen hierzu möglichst verlassen und einen sicheren Ort jenseits der Straße aufsuchen, da nicht auszuschließen ist, dass weitere Fahrzeuge in die Unfallstelle hineinrasen.

Wenn Sie festgestellt haben, dass Ihr Kind unverletzt geblieben ist, bleiben Sie dennoch unbedingt in seiner Nähe. Je enger Sie Körperkontakt halten, desto besser. Reden Sie in ruhigem Ton zu ihm, bis es aufhört zu weinen. Auch Wärme ist wichtig, da bei einem Schock durch die Stresssituation der Kreislauf zentralisiert und sich die Hautgefäße verengen. Wenn Sie keine Decke zur Hand haben, nehmen Sie eine zusätzliche Jacke oder einen Pullover. Das Gefühl der Wärme assoziieren wir immer mit Geborgenheit und Sicherheit.

Sobald sich die erste Aufregung gelegt hat, gehen Sie, noch bevor die Polizei eintrifft, zum Auto zurück und erklären Ihrem Kind, was passiert ist und wie es zu dem Unfall kam. Zeigen Sie ihm die Airbags, und erklären Sie ihm deren schützende Funktionen. Wichtig zu wissen: Nicht selten erschrecken Kinder bei einem leichteren Unfall am meisten über die Explosion der weißen Luftsäcke! Indem Sie sachliche Erläuterungen geben und die Airbags durchaus loben und sich bei ihnen bedanken, führen Sie eine Umbewertung des Traumas bei Ihrem Kind durch, und die Fixierung des erschreckenden Eindrucks wird abgemildert. Sinnliche Eindrücke sind dabei hilfreich. Lassen Sie Ihr Kind die Airbags ruhig berühren und in die Hand nehmen, dann wird es spüren, wie weich sie sind, wie Sofakissen zum Aufblasen. Manchmal kommt es vor, dass durch die Wucht der Airbagexplosion die Nase eines Mitfahrers Schaden genommen hat, sodass hässliche rote Blutspuren den weißen Luftsack hinunterrinnen. Dann sollten Sie von der Besichtigung desselben eher Abstand nehmen, da es Ihr Kind nur zusätzlich irritieren würde.

Was Ihr Kind höchstwahrscheinlich ebenfalls stark verunsichert und verängstigt, ist der Anblick Ihres beschädigten Wagens. Die zersplitterten Scheinwerfer, die zusammengestauchte Motorhaube, die unnatürlich verformte Karosserie – all das wirkt verstörend. Ein Kind lebt lange in dem festen Glauben, ein Auto sei stark wie eine Burg, sicher wie ein Haus. Nun wurde in nur wenigen Sekunden diese Gewissheit erschüttert und zerstört. Auch hier kann es hilfreich sein, dem Kind zu erklären, dass es zum Schutz der Insassen wichtig ist, dass der Wagen sich verformt, weil dadurch die Aufprallenergie abgefangen wird. Verdeutlichen Sie ihm diesen Zusammenhang, indem Sie zum Beispiel eine Zigarettenschachtel auf Ihrem Oberarm zerhauen. Die Schachtel wird dabei zerstört, der Arm aber nimmt keinen Schaden.

Wir sind bisher davon ausgegangen, dass Sie Ihren Partner dabeihaben, sodass Sie sich intensiv um Ihr Kind kümmern können. Was aber, wenn Sie mit Ihrem Kind alleine unterwegs sind? Dann müssen Sie unter allen Umständen als Erstes die Unfallstelle sichern! Sie können sich nicht darauf verlassen, dass andere Autofahrer dies tun werden! Auch wenn Sie nicht das letzte Auto in der Karambolage sind, haben Sie diese wichtige Pflicht, die noch vor der Traumaprophylaxe rangiert. Geben Sie Ihrem Kind einen raschen Kuss und sagen Sie ihm, dass Sie sofort wieder da sind. Dann laufen sie los.

Wenn Sie wieder zurück sind und Ihr Kind, wie oben geschildert, getröstet haben, gehen Sie mit ihm noch am Straßenrand zurück und zeigen Sie ihm das Warndreieck, das Sie dort aufgestellt haben. Erklären Sie ihm, warum Sie es allein lassen mussten und welche wichtige Funktion das Warndreieck hat. So kann Ihr Kind die verwirrenden Eindrücke und Gefühle besser ordnen und in eine sinnvolle Reihenfolge bringen.

Auch bei der Befragung durch die Polizeibeamten sollte Ihr Kind unbedingt dabei sein. Die nüchterne Bestandsaufnahme, die routinierten, unaufgeregten Fragen der Polizisten schaffen eine gute Gelegenheit, das Unfallgeschehen zu objektivieren und den Verlauf zu rekonstruieren. Außerdem wirkt die Anwesenheit von Profihelfern immer entlastend, weil sie auch mit dem Gefühl verbunden ist, dass sich um alles Weitere nun kompetent gekümmert wird. Wenn Sie bemerken, dass eine Frage der Polizeibeamten für Ihr Kind unverständlich wirkt, nehmen Sie sich ruhig die Zeit, sie Ihrem Kind zu übersetzen.

Sehr wichtig, gerade auch für Ihr Kind: Überschütten Sie Ihren unaufmerksamen Hintermann nicht mit Vorwürfen, schimpfen Sie und streiten Sie nicht auf offener Straße! Seien Sie versichert: Er ist durch den Unfall gestraft genug. Szenen von sich anbrüllenden Erwachsenen verschlimmern die Traumaverarbeitung des Kindes, weil sich die Unsicherheit und Nervosität auf das Kind übertragen. Wenn Sie ein Handy dabeihaben: Lassen Sie nach kurzer Einleitung in ruhigen Worten und der Versicherung, dass niemand verletzt wurde, Ihr Kind den Unfall schildern. Dadurch, dass es das Geschehene nun selbst verbalisiert, wird ein weiterer wichtiger Verarbeitungsprozess in Gang gesetzt, der Prozess der kognitiven Verarbeitung. Statt von dem Unfall nur einzelne schockierende Bilder im Gedächtnis zu behalten, wird eine umfassendere und differenziertere und dadurch weniger belastende Erinnerung möglich.

Auch wenn Sie daheim angekommen sind, lassen Sie Ihr Kind, sooft es will, Verwandten und Freunden von dem Unfall erzählen. Das Erzählen ist ein höchst produktiver Akt. Denn der Erzähler formt aus der unendlichen Zahl von Wahrnehmungen und Emotionen eine Folge von Bildern, strukturiert und systematisiert und schafft dadurch Nähe und Distanz zugleich: Nähe zum Erlebten und Distanz zum lähmenden Angstgefühl.

Diagnose: Krebs

Ein Hammer ist auf Sie herniedergesaust, wie er Sie übler nicht hätte treffen können. Ihnen schwirrt der Kopf, und Sie können keinen klaren Gedanken mehr fassen. Wie betäubt sitzen Sie da und starren den Arzt an. Er redet weiter, aber Sie hören ihm längst nicht mehr zu, nehmen nicht mehr wahr, was er Ihnen noch sagen will. Also doch! Ihre schlimmsten Befürchtungen haben sich bestätigt! Alle Beschwichtigungsversuche Ihrer Freundinnen sind umsonst gewesen. Sie haben Recht behalten, grausam Recht behalten. Leukämie! Ihr Kind hat Leukämie! Nein, Sie hatten gespürt, dass hinter dieser seltsamen Müdigkeit, diesen Schmerzen im ganzen Körper kein gewöhnlicher Infekt stecken konnte. Immer noch redet der Arzt weiter, und Sie nicken mechanisch. Sie versuchen, ihm zuzuhören, aber es gelingt Ihnen nicht. Krebs! Und draußen vor der Tür des Besprechungszimmers wartet Ihr Kind. In wenigen Minuten werden Sie zu ihm hinaus gehen müssen, werden es weinend in die Arme schließen. Aber was sollen Sie ihm sagen?

Nicht Ihr Kind, Sie selbst sind es, die nun dringend Hilfe benötigt! Die größtmögliche Katastrophe ist über Sie hereingebrochen, der Super-Gau jeder Familie, das Schlimmste, was sich Eltern vorstellen können. Ein massiveres Trauma ist kaum denkbar. Was jetzt akut Not tut, ist, dass Sie sich selbst Hilfe und Unterstützung holen! Sie brauchen nun Menschen, die Ihnen zur Seite stehen. Nein, das ist nicht egoistisch gedacht! Seriöse wissenschaftliche Studien zeigen, dass die Gefahr, ein Psychotrauma zu entwickeln, für ein krebskrankes Kind umso geringer ist, je besser seine Eltern das Trauma selbst überwunden haben. Indem Sie sich nun also um sich selbst kümmern, helfen Sie Ihrem Kind am besten!

Sie brauchen ihm die Diagnose auch nicht jetzt gleich mitzuteilen. Sie haben diesbezüglich noch Zeit. In einer solchen Situation darf durchaus die Salamitaktik angewendet und Ihr Kind Schritt für Schritt je nach Alter und Entwicklungsstand aufgeklärt werden. Bedenken Sie bitte, Sie sind jetzt völlig außerstande, Ihrem Kind die dann auftauchenden Fragen zu beantworten. Zu viele Fragen bestürmen Sie jetzt selbst, Sie müssen erst wieder einen halbwegs klaren Kopf bekommen.

Rufen Sie sofort Ihren Mann an, sagen Sie ihm, dass Sie ihn dringend brauchen. Jetzt auf der Stelle. Ersatzweise kommt natürlich auch Ihre Mutter oder Ihre beste Freundin oder eine andere Vertrauensperson in Frage.

Der zweite Schritt wird sein, alle wichtigen Informationen über die Erkrankung Ihres Kindes und die damit verbundenen Behandlungsschritte zu sammeln. Ihr Arzt wird Sie dabei unterstützen. Je aktiver und informierter Sie in die Behandlung eintreten, desto besser für Sie und Ihr Kind. Kein Arzt der Welt wird es Ihnen außerdem verübeln, wenn Sie zuvor noch eine zweite Meinung einholen wollen. Haben Sie keine übertriebene Angst davor, dass diese Informationen Sie zusätzlich belasten könnten. Die Erfahrung lehrt: Nichts kann uns mehr ängstigen als unsere Fantasie! Setzen Sie auf Wissen, und stecken Sie den Kopf nicht in den Sand. Jemand, der den Kopf in den Sand steckt, kann nicht erkennen, wie er seinem Kind helfen kann.

Denken Sie bitte auch daran, von den Erfahrungen anderer betroffener Familien zu profitieren. Viele hat die schreckliche Krankheit nicht in Passivität versetzt, sondern sie haben sich in Selbsthilfegruppen zusammengeschlossen. Sie werden dort nicht nur Experten für die verschiedenen Behandlungsmöglichkeiten finden, sondern auch Experten für Ihre eigene seelische Befindlichkeit. Niemand kann besser nachvollziehen, was jetzt in Ihnen vorgeht, als jemand, der das alles auch schon durchmachen musste. Das kann eine große Hilfe bedeuten. Kontaktadressen von Selbsthilfeorganisationen erfahren Sie über Ihren Arzt oder über das Internet. Das gilt natürlich in gleicher Weise für andere schwere Erkrankungen, nicht allein für die Diagnose Krebs.

Studien zeigen, dass etwa zehn bis fünfunddreißig Prozent krebskranker Kinder und Jugendlicher eine posttraumatische Belastungsstörung entwickeln. Bisherige Untersuchungen zeigen aber auch, dass es oft nicht primär die Krebserkrankung ist, die diese Traumatisierung bedingt, sondern dass es die notwendigen Behandlungen und Eingriffe sind, die traumatisch verarbeitet werden. Gerade deshalb ist es umso wichtiger, dass Sie Ihr Kind darauf vorbereiten und dabei begleiten. Je sicherer Sie selbst wirken, desto mehr ist Ihr Kind davor geschützt, neben der schlimmen Erkrankung auch noch an einer seelischen Störung zu leiden.

Verloren gegangen

Sie machen mit Ihrer Familie einen Ausflug in einen Vergnügungspark. Und Sie sind nicht die Einzigen, die auf diese Idee gekommen sind. Kein Wunder bei diesem herrlichen Frühlingswetter! Überall drängen sich die Menschenmassen. Klein und Groß schiebt sich die verschlungenen Wege entlang und vor den Fahrgeschäften haben sich bereits lange Schlangen gebildet. Ihr Kleiner macht große Augen. Was es hier alles zu sehen gibt! Die Achterbahnen, auf denen die Menschen in offenen Wagen schreiend in die Tiefe stürzen, die Wasserrutschen mit den bunten Baumstämmen, die Shows und Tierattraktionen. Sie lieben solche Spektakel zwar weniger, hätten am liebsten einen Spaziergang durch die erblühende Natur gemacht, aber Hauptsache, Ihrem Kleinen gefällt's. – Ihr Kleiner? Moment, wo steckt er denn? Eben war er doch noch da! Erschrocken blicken Sie sich um, doch nirgends ist er mehr zu sehen! Ob er schon vorausgelaufen ist? Oder steckt er noch hinten bei dem sprechenden Papagei? Menschen über Menschen um Sie herum, alles läuft und drängt sich aneinander vorbei, und Sie haben Ihr Kind in dem Gewühl verloren.

Was tun?

Jetzt zeigt sich, ob Sie Ihr Kind gut auf eine solche Situation vorbereitet haben. Haben Sie mit ihm zuvor besprochen, was es in dem Fall tun soll, wenn es seine Eltern verliert? Haben Sie einen Treffpunkt vereinbart, einen markanten Punkt, etwa das Riesenrad? Ihr Kind ist zu klein, um alleine dorthin zu finden, meinen Sie? Dann hilft nichts anderes, als sich das Gebiet aufzuteilen und mit der Suche zu beginnen.

Nehmen wir mal den günstigeren Fall an, dass Ihr Junge nur bis zur Drachenbahn gekommen ist, wo er heulend stehen geblieben ist und wo Sie ihn nach nur wenigen Minuten hektischer Suche schnell wieder in die Arme schließen können. Dann haben Sie wirklich Glück gehabt. Glauben Sie mir, auch andere Fälle sind beschrieben. Fragen Sie einmal einen Mitarbeiter eines solchen Vergnügungsparks! So eine Suche kann sich weit über eine Stunde erstrecken. Eine Stunde! Sie können sich vorstellen, was das heißt! Wo einem in einer solchen Situation schon Minuten wie Ewigkeiten vorkommen.

Woran liegt es, dass man ein verloren gegangenes Kind oft so bald nicht wiederfindet? Das liegt daran, dass viele Kinder, wenn Sie merken, dass sie ihre Eltern verloren haben, in Panik geraten. In dem Wunsch, sie so schnell wie möglich wiederzufinden, laufen sie in irgendeine Richtung, in der sie die Eltern vermuten, laufen weinend immer weiter und verirren sich dabei hoffnungslos. Erst nachdem ihm die Kräfte ausgegangen sind, bleibt das verzweifelte Kind stehen, bis sich schließlich die aufmerksame Mutter eines anderen Kindes um es kümmert.

Alle Angaben, die es jetzt machen kann, können der rascheren Familienzusammenführung dienen. Oft aber ist das Kind so durcheinander, dass es noch nicht einmal seinen Namen herausbringt, geschweige denn sagen kann, wo es seine Eltern zuletzt gesehen hat. Dann können die Helfer nur geduldig abwarten oder – im Fall einer vorliegenden zentralen Lautsprecheranlage (welche es keineswegs überall gibt!) – eine Personenbeschreibung und den Abholort durchgeben.

Sehr wichtig ist also: Schärfen Sie Ihrem Kind ein, niemals planlos draufloszulaufen, wenn es verloren gegangen ist! Am besten ist, es bleibt auf der Stelle stehen und wartet, bis es gefunden wird. Auch ein Vorschulkind merkt nämlich in aller Regel bereits nach nicht einmal einer Minute, dass Mama oder Papa fehlen. Da es sich mit einer Geschwindigkeit von höchstens fünf Stundenkilometern fortbewegt, ist es in einer Minute maximal ein Zwölftel Kilometer weit gekommen, muss sich also noch innerhalb eines Radius' von dreiundachtzig Metern um den Ort des letzten Kontakts befinden. Eine solche Fläche haben Sie schnell abgesucht.

Besser noch: Sie spielen ein solches Verlorengehen und das anschließende Auf-der-Stelle-Verharren einmal durch. Sie werden sehen, Kinder haben meistens Spaß daran. Und ein solches Rollenspiel prägt sich besser ein als tausend Worte. Sie haben Ihrem Kind damit eine Verhaltensweise antrainiert, die es in nahezu allen Situationen erfolgreich anwenden kann, ob der Ort des Verlorengehens nun ein Vergnügungspark oder ein Kaufhaus oder die belebte Fußgängerzone ist.

Der Abschiedsbrief

Montagmorgen. Ihr Mann ist zur Arbeit, Ihre Tochter zur Schule gegangen. Sie begeben sich in den Keller, um eine Fuhre Wäsche zu waschen. Als Sie eine Jeans Ihrer Tochter in die Waschmaschine stopfen wollen, fällt ein zusammengefalteter Zettel aus der Hosentasche. Sie heben ihn auf und entfalten ihn. Und während Sie die handgeschriebenen Zeilen Ihres Kindes lesen, stürzt für Sie eine Welt zusammen.

Das gibt es doch nicht, das darf doch nicht wahr sein! – Hastig lesen Sie den Brief aufs Neue, es dauert eine Weile, bis Sie begreifen. Es ist ein Abschiedsbrief, ein Abschiedsbrief Ihrer Tochter an eine Freundin. Sie wolle, sie könne nicht mehr weiterleben, schreibt Ihre Tochter, das Leben habe keinen Sinn mehr für sie. Nein, niemand könne ihr mehr helfen. Sie solle ihr nicht böse sein, sie könne nichts dafür. Ob sie ihren Kuschelbären nehmen würde? Sie solle immer gut auf ihn aufpassen! Niemand träfe eine Schuld, es sei ganz alleine ihre Entscheidung.

Fassungslos schütteln Sie den Kopf. Niemals, niemals hätten Sie so etwas für möglich gehalten! Gut, in der letzten Zeit hat sich Ihre Tochter öfter zurückgezogen, war am liebsten für sich in ihrem Zimmer. Sie hatten das auf die Pubertät geschoben, hatten sich sonst nichts dabei gedacht. Auch hatte es doch keinen großen Streit gegeben, nur die üblichen Auseinandersetzungen wegen des Taschengelds und der Ausgehzeiten. Warum hat sie Ihnen denn nichts gesagt, warum ist sie nicht zu Ihnen gekommen? Sie hätten ihr doch zuge-

hört, hätten versucht, ihr zu helfen! Und jetzt das hier, dieser Brief! Wie versteinert stehen Sie da, unfähig, einen klaren Gedanken zu fassen.

Was tun?

Die Pubertät ist tatsächlich eine sensible Phase für Selbstmordpläne. Bis zu einem gewissen Alter sind Kinder vor einem Suizid geschützt. Selbstmorde von Kindern unter zehn Jahren sind, selbst wenn ein Kind heftigsten Belastungen ausgesetzt ist, eine extreme Rarität. Zwar kommt es durchaus vor, dass sich auch ein jüngeres Kind vorstellt, wie es wäre, wenn es gestorben ist. Solche Fantasien entwickeln sich zumeist nach Streitsituationen mit den Eltern, und das Kind findet einen bitteren Trost bei der Vorstellung, wie Mama und Papa weinend an seinem Grab stehen. Diese Fantasien dienen letztlich der Wiederherstellung des seelischen Gleichgewichtes, weil sie dem Kind klarmachen, dass seine Eltern es im Grunde ihres Herzen unendlich lieb haben, und hierdurch Versöhnung möglich wird. Niemals aber würde dieses Kind tatsächlich einen Selbstmord durchführen, auch wenn es sich in seiner Fantasie einen solchen durchaus konkret ausmalen mag.

Mit der Pubertät jedoch ändert sich die Situation. Selbstverständliches ist nun keineswegs mehr selbstverständlich, alles wird hinterfragt, auch das eigene Leben und der Sinn desselben. Nun können Selbstmordpläne durchaus in die Tat umgesetzt werden. Zwar ist es auch jetzt so, dass es zumeist bei den Gedanken bleibt, welche, wenn sie geäußert werden, ein Alarmsignal sind und der Umwelt den Hinweis geben: Achtet auf mich! Ich zeige oft ein lachendes Gesicht, aber in meinem Inneren sieht es ganz anders aus! Ich brauche eure Hilfe, weiß aber nicht, wie diese Hilfe aussehen und wie ich euch das sagen kann. Bitte helft mir trotzdem!

Selten geschieht es, dass Jugendliche keine Warnungen

geben, sondern gleich zur schlimmen Tat schreiten. Jungen sind hier gefährdeter als Mädchen. Mädchen senden im Vorfeld eher Botschaften, ein Junge kann sein finsteres Vorhaben lange mit sich selbst ausmachen.

Die klinische Erfahrung lehrt: Meistens muss es in mindestens zwei von drei Lebensbereichen stark kriseln, bevor ernsthafte Suizidgedanken aufkommen können. Diese drei Lebensbereiche sind: Familie, Schule, Freundeskreis. Liegt keine ernste psychiatrische Grunderkrankung vor, wie etwa eine schwere Depression, so reicht zum Beispiel ein heftiger Streit mit der besten Freundin nicht aus, um in ein suizidales Loch zu fallen, wenn die Beziehung zu den Eltern und zur Schule in Ordnung ist. Kommt aber zu einem solchen Streit noch eine instabile Familiensituation hinzu, etwa die bevorstehende Trennung der Eltern, dann steigt das Risiko deutlich. Auch verschlechterte schulische Leistungen plus heftiger Liebeskummer können, selbst bei einem harmonischen Elternhaus, zur Gefahr werden.

Gehen Sie also in Gedanken diese drei verschiedenen Lebensbereiche Ihres Kindes durch, und forschen Sie nach möglichen Gründen. Sie sollten in das dann notwendige Gespräch mit Ihrer Tochter so gut vorbereitet wie möglich gehen. Machen Sie nicht den Fehler, den Brief Ihres Kindes zu ignorieren. Klar, er hat Sie verunsichert und verstört, aber aus Unsicherheit und Angst so zu tun, als würde er nicht existieren, wäre grundfalsch und gefährlich. Vielleicht resultiert Ihr Zögern daraus, dass dieser Brief nicht an Sie gerichtet ist, sondern an eine Freundin, und dass Sie ihn nur zufällig gefunden haben. Aber: Zufälle gibt es nicht! Vor allem nicht bei dieser ernsten Thematik! Allein die Tatsache, dass Ihre Tochter die Jeans mit dem Brief in die Wäsche geworfen hat, zeigt an, dass sie zumindest unbewusst hofft, Sie würden den Brief auch finden. Sonst hätte sie ihn sicher vernichtet! Dass sie das nicht getan hat, bedeutet, dass sie sich Ihre Hilfe erhofft.

Sie sollten Ihre Tochter, sobald sie von der Schule nach Hause kommt, unmittelbar darauf ansprechen. Je direkter Sie dabei sind, desto eher können Sie in ein wichtiges Gespräch kommen. Aber seien Sie nicht enttäuscht, wenn sie zunächst völlig anders reagiert und nicht darüber sprechen möchte. Eine häufige erste Reaktion, die dem Hilferuf entgegenzustehen scheint, ist nämlich, dass der Jugendliche zunächst höchst einsilbig und ablehnend mit einer solchen Konfrontation umgeht. Erwarten Sie also nicht, dass Ihre Tochter sich Ihnen gleich mitteilt und ihre Konflikte offenlegt. Sie ist mindestens ebenso überfordert mit einer solchen Situation, wie Sie selbst es sind. Dennoch ist dieser erste Schritt notwendig und sollte nicht verschoben werden.

Lassen Sie sich danach etwas Zeit. Jeder muss zunächst versuchen, seine Gedanken zu sammeln. Machen Sie in Ihrer Hilflosigkeit nicht den Fehler, mit Druck und Gewalt herausfinden zu wollen, was in Ihrem Kind vorgeht! Das führt zu nichts, auch deshalb nicht, weil Ihrem Kind die Gründe mit großer Wahrscheinlichkeit selbst nur höchst diffus bewusst sind. Nutzen Sie die Zeit stattdessen, Ihrer Tochter mit kleinen Aufmerksamkeiten deutlich zu machen, dass Sie ihr nicht böse sind und in Liebe an sie denken. Bringen Sie ihr zum Beispiel ein Stück Kuchen in ihr Zimmer, oder schenken Sie ihr eine schöne Blume. Essen, Trinken und auch eine blühende Pflanze sind Zeichen des Lebens, und solche Zeichen können in der seelischen Situation, in der sich Ihr Kind nun befindet, sehr segensreich wirken. Sie können sicher sein, auch wenn es Ihr Kind nicht deutlich zeigen kann und will: Diese Zeichen und Gesten werden etwas in ihm bewegen und verändern.

Kochen Sie Ihrer Tochter dann am Abend ihr Lieblingsessen. Wenn Sie dann alle gemeinsam gegessen und getrunken haben, stehen die Chancen nicht schlecht, das ernste Thema diesmal mit mehr Erfolg anzusprechen. Machen Sie ihr dabei auch deutlich: Sie akzeptieren sie und sind ihr nicht böse, wenn sie Ihnen – aus welchem Grund auch immer – nicht alles, was sie bewegt, mitteilen möchte. Sagen Sie ihr, dass es für solche Situationen Menschen gibt, Berater und Psychotherapeuten, die als Außenstehende manchmal leichter helfen können, und dass Sie dort gerne einen Termin ausmachen.

Zur Nacht gehen Sie ruhig noch einmal zu Ihrer Tochter und lesen Sie ihr, wenn sie zustimmt, aus einem Buch vor. Sie wird Ihre Stimme mit in den Schlaf und ihre Träume nehmen, und dies wird eine Neuorientierung erleichtern.

Wenn Ihr Mann Ihr Kind schlägt

Sie kommen gerade von einem Elternabend des Kindergartens zurück, als Ihnen schon draußen vor der Wohnungstür das Geschrei Ihres Kindes entgegentönt. Rasch schließen Sie auf und laufen ins Wohnzimmer, von wo das Gebrüll kommt. Da sehen Sie, wie Ihr Mann mit vor Zorn verzerrtem Gesicht Ihr verzweifeltes Kind auf den Hintern schlägt.

Was tun?

Natürlich stürzen Sie sich gleich dazwischen und reißen Ihren Kleinen aus den Händen seines Vaters. Selbst auf das Höchste erregt, ist Ihr erster Impuls, Ihren Mann anzuschreien, ihm ins Gesicht zu schleudern, was für ein Idiot er ist. Wenn es Ihnen gelingt, dann unterdrücken Sie diesen Impuls. Nehmen Sie stattdessen Ihr Kind und gehen Sie mit ihm in sein Zimmer. Trösten Sie es nicht vor den Augen Ihres Mannes! Das würde die Situation unerträglich machen.

Wenn Ihr Kind wieder sprechen kann, fragen Sie es, was denn passiert sei. Es wird Ihnen die konflikthafte Situation recht genau schildern können und dann vermutlich wieder zu weinen beginnen. Trösten Sie es ein zweites Mal und fragen es dann, was es hätte anders machen können. Auch dazu wird ihm mit hoher Wahrscheinlichkeit etwas einfallen. Loben Sie es dafür! Sagen Sie ihm, dass es einen Fehler gemacht hat und dass man aus Fehlern lernen muss. Sagen Sie ihm aber auch, dass kein Fehler der Welt so groß sein kann, dass man dafür verprügelt werden darf! Fügen Sie hinzu, dass Sie mit dem Vater sprechen werden.

Dann gehen Sie alleine hinunter ins Wohnzimmer zu Ihrem Mann. An sich ist er der friedlichste Mensch der Welt. Gutmütig und durchaus auch geduldig. Wenn es anders wäre, hätten Sie ihn wohl kaum geheiratet. Aber an manchen Tagen kann ihm schon mal der Kragen platzen. Sie haben gelernt, damit umzugehen, Ihr Kleiner aber nicht. Nun ist Ihr Mann Täter und Opfer zugleich, Schläger und Geschlagener. Die Prügel, die er seinem unfolgsamen Kind gegeben hat, haben zugleich ihn selbst getroffen.

Es gibt kaum ein schlimmeres Gefühl, als wenn wir außer

Kontrolle geraten. Außer Kontrolle zu geraten bedeutet, nicht mehr über die Freiheit des eigenen Handelns verfügen zu können, abhängig zu sein, Automatismen folgen zu müssen, die mit den eigenen Maximen und Grundeinstellungen nicht vereinbar sind, ja, diesen oft sogar widersprechen. Hierdurch gerät unser eigenes Bild von uns ins Wanken. Ein Gefühl der Ohnmacht überkommt uns.

So geht es jetzt auch Ihrem Mann. Seine Selbstachtung ist in diesem Moment im Keller. Wenn er ehrlich mit sich ist, gesteht er sich seinen Fehler ein. Wenn es ihm aber an Größe fehlt, dann macht er sein Kind für seinen Kontrollverlust verantwortlich, projiziert sein Unvermögen auf sein Gegenüber. Von dieser Unterscheidung wird viel abhängen.

Wenn Sie merken, dass er zerknirscht ist und sein Handeln tief bereut, dann kann er aus dem schlimmen Vorfall lernen, dann kann es ihm aus eigener Kraft gelingen, sich zu verändern. Gesteht er sich seine Schuld jedoch nicht ein und bleibt er in seiner Fehlwahrnehmung verhaftet, dann braucht er dringend Hilfe. Besonders ernst wird die Situation, wenn er die Meinung äußert, ein paar Ohrfeigen hätten noch keinem Kind geschadet. Eine solche Haltung ist insbesondere bei Männern verbreitet, die als Kinder selbst Opfer von Schlägen geworden sind. Allein dieser Zusammenhang zeigt, was Züchtigungen in der moralischen Entwicklung eines Menschen anrichten können. Dann braucht Ihr Mann unbedingt jemanden, einen erfahrenen Erziehungsberater etwa, der ihm Alternativen aufzeigt, in solch einer kritischen Situation zu handeln, möglicherweise – bei stattgefundenen eigenen Misshandlungserfahrungen – auch einen Psychotherapeuten. Sonst sind die Wiederholungsgefahr und die Gefahr einer weiteren Traumatisierung Ihres Kindes groß.

Sehr wichtig wird in der konkreten Situation die baldige Versöhnung sein. Mit diesem schönen deutschen Wort ist bereits alles Wesentliche ausgedrückt: die Wiederherstellung einer liebevollen Vater-Sohn-Beziehung. Sollte Ihr Mann noch schmollen, ermuntern Sie ihn, den ersten Schritt zu tun. Vergessen Sie nicht: Im Kopf Ihres Kindes steckt noch der Makel der Schuld. Weil es unartig war, hat der Vater es geschlagen. Es ist nun an Ihrem Mann, das Kind um Verzeihung zu bitten, sich zu entschuldigen und damit das lastende und belastende Schuldgefühl von den schmalen Schultern des Kindes zu nehmen. Je eher und je unmittelbarer die Versöhnung stattfindet, desto besser. Eine quälend lange Zeit der Ungewissheit, des Beleidigtseins kann das Trauma deutlich vertiefen. Und was gibt es Schöneres als eine Versöhnung? Sie führt zu einer Vertiefung und Stärkung der Bindung, zu einem Gleichklang der Seelen, der auch dazu beitragen kann, dass sich so eine Situation nicht so leicht wiederholt. Helfen Sie Ihrem Mann dabei, dass er sich einen Ruck gibt!

Erpressung auf dem Schulhof

Sie hatten schon in den letzten Tagen das Gefühl, dass irgendetwas nicht stimmt. Sonst stürmt Ihr Sohn doch stets fröhlich und lebhaft in die Wohnung, erzählt Ihnen gleich, was in der Schule so alles passiert ist. Nun wirkt er einsilbig und bedrückt. Als Sie ihn heute darauf ansprechen, kommen ihm plötzlich die Tränen. Schluchzend und stockend erzählt er eine Geschichte, die sich Ihnen nach vielen Nachfragen wie folgt präsentiert:

Vor ein paar Tagen hatten ältere Schüler Ihren Sohn auf dem Nachhauseweg gefragt, ob er nicht ein paar Yu-Gi-Oh!-Karten gebrauchen könne. Und er hatte beglückt genickt, weil er schon lange interessiert dabeigestanden habe, wenn sich die Sammler in der hinteren Ecke des Schulhofs trafen, um jene geheimnisumwitterten Spielkarten zu tauschen. Daraufhin hatte ihm Nick, einer aus der Gruppe, fünf zerknitterte Karten in die Hand gedrückt. »Kannst du behalten!«, hatte er zu ihm gesagt, und Ihr Sohn hatte sie schnell eingesteckt. Was für ein Schatz! Tags drauf war dieser Nick zusammen mit zwei anderen zu ihm gekommen und hatte ihn gefragt, wo die fünf Euro blieben. »Fünf Euro?«, hatte er überrascht zurückgefragt. »Stell dich nicht so blöd, für die Yu-Gi-Oh!-Karten!«

Ihr Sohn, der gedacht hatte, die Karten seien ein Geschenk gewesen, geriet in Angst. Fünf Euro! Wo sollte er die hernehmen? In seiner Not zog er die Karten aus der Hosentasche und wollte sie diesem Nick zurückgeben, doch der lachte nur höhnisch. Nein, was solle er mit diesen zerdrückten Dingern?

Geschäft sei Geschäft, und wenn Ihr Sohn die fünf Euro nicht herausrücke, dann blühe ihm was! Nur noch bis morgen habe er Zeit!

Was hätte er tun sollen? Ihm hätte doch keiner geglaubt! So kratzte er daheim sein Erspartes zusammen, vier Euro und zwanzig Cent. Die gab er am nächsten Tag dem Nick. Der aber strich das Geld nur mit finsterer Miene ein. Von nun an würden Zinsen verlangt! Morgen seien weitere fünf Euro fällig! Sonst gäbe es gewaltig Ärger! Und während er das sagte, krempelte er seine Ärmel bedrohlich hinauf.

Dann sei etwas noch viel Schlimmeres passiert. Weil er sich nicht mehr anders zu helfen gewusst habe, habe er heute in der Früh aus der Büchse mit dem Haushaltsgeld heimlich fünf Euro herausgenommen und sie in der Pause dem Nick gegeben. Der aber – man stelle sich eine solche Gemeinheit vor! – habe nur gegrinst und gesagt, noch einmal die gleiche Summe, und die Sache sei aus der Welt!

Nach diesem schweren Geständnis bricht Ihr Kind wieder in Tränen aus.

Was tun?

Gratulation! Das Schlimmste liegt schon hinter Ihnen: das Geständnis. Wie viele Kinder gibt es, die solche oder ähnliche Situationen durchleben, aber alles für sich behalten und einsam und grausam darunter leiden? Dass Ihr Sohn den Mut gefunden hat, sich Ihnen anzuvertrauen, spricht für ein gutes Eltern-Kind-Verhältnis. Aber selbst bei einem ähnlich guten Vertrauensverhältnis ist es keinesfalls garantiert, dass jedes Kind so handelt. Es gibt Kinder, welche Angst und Scham so stark empfinden, dass ihr Mund verschlossen bleibt. Wie kann man diesen Kindern helfen?

Eine gute Möglichkeit ist, den Kindern rechtzeitig von der eigenen Kindheit zu erzählen, ihnen zu berichten, wie schlimm es einem selbst in Konfliktsituationen ergangen ist. Die Kinder werden Ihnen höchst aufmerksam zuhören. Für sie ist es lange Zeit unmöglich, sich vorzustellen, dass die kluge, selbstbewusste Mama, der große, starke Papa selbst einmal schwach und ohnmächtig gewesen sind. Haben Sie Mut, erzählen Sie ihnen nur die Geschichte, wie Sie als Kind beim Slalomfahren mit dem Fahrrad das Gleichgewicht verloren und an dem parkenden Auto des Nachbarn entlangschrammten, sodass ein hässlicher Kratzer entstand. Sie waren so erschrocken, dass Sie sich nicht getraut hatten, jemandem davon zu erzählen. Schnell waren Sie weitergeradelt, hatten so getan, als wäre nichts passiert. Der Lack eines Autos war ein Heiligtum – das wussten Sie von Ihrem Vater! Nein, niemand durfte von Ihrer Schandtat erfahren!

Aber leider gab es da einen Zeugen. Der Toni hatte Sie aus der Ferne beobachtet und sein Wissen ausgenutzt, um Schweigegeld von Ihnen zu erpressen. Was für eine elende

Zeit ist das gewesen! Hätten Sie doch damals den Mut aufgebracht, gleich mit der Wahrheit herauszurücken. Sie hätten sich viel Kummer erspart!

Eine solche Geschichte hilft Ihren Kindern manchmal mehr als die stete Beteuerung, dass sie sich in der Not jederzeit an Sie wenden können. Diese gut gemeinten Angebote sind Kindern in einem bestimmten Alter noch zu allgemein. Geschichten jedoch speichert ihr Gedächtnis in anschaulichen Bildern, die gut und schnell abrufbar sind.

Das kindliche Denken vollzieht sich häufig in Analogieschlüssen. Je mehr die Fantasie eines Kindes durch beispielhafte Vergleiche bereichert wird, desto größer wird sein Handlungsspektrum. »Lernen am Modell« ist der Terminus technicus der Verhaltenstherapie dafür. Neben den beobachteten und erzählten Erlebnissen können hier auch literarische Vorbilder wirksam werden, in besonderer Weise die bekannten Volksmärchen, aber auch gute Kinderbücher. Die Faszination vieler Bücher für Kinder speist sich gerade aus diesem Bedürfnis nach lebendigen Vorbildern. Wie gelingt es Hänsel und Gretel, sich von den Eltern verstoßen in der Welt zurechtzufinden? Wie begegnet Rotkäppchen der Gefahr der Verführung durch den Wolf? Wie gelingt Aschenputtel die Befreiung aus der ständigen Zurücksetzung?

Doch zurück zu dem konkreten Fall. Was, glauben Sie, bedrückt Ihr Kind mehr: die Erpressung durch diesen Nick oder die Tatsache, dass es Sie in seiner Seelennot bestohlen hat? Eine eindeutige Antwort gibt es darauf nicht. Oft wird allerdings gerade die eigene Mitschuld als drückender und belastender erlebt als die Bosheit des anderen. Sie werden unbedingt auf beide Aspekte eingehen müssen. Ihr Kind erwartet nach seiner Beichte nämlich zweierlei: Einerseits sehnt es sich danach, dass Sie ihm seine Schuld, seinen Diebstahl, verzeihen. Anderseits erhofft es sich natürlich Ihre Hilfe und Unterstützung gegen die Bedrohung durch seinen Peiniger.

Zum ersten Punkt: Es wird Ihnen vermutlich nicht schwerfallen, Ihrem Kind den Griff in die Haushaltskasse zu verzeihen, erkennen Sie doch, aus welcher Zwangslage heraus es gehandelt hat. Vielleicht erscheint Ihnen die Verzeihung angesichts der Ungeheuerlichkeit der dem Diebstahl vorausgegangenen Bedrohung so selbstverständlich, dass Sie es nicht für nötig halten, sie auch auszusprechen. Das wäre ein Fehler! Ihr Kind erwartet diese Entlastung dringend! Sagen Sie ihm klar und deutlich, dass es falsch gehandelt hat, als es in die Kasse griff, dass Sie ihm diese Missetat aber verzeihen.

Bei dieser Verzeihung sollten Sie es aber nicht belassen. Sie allein reicht nicht aus, um das innere Gleichgewicht Ihres Kindes wiederherzustellen. So seltsam es klingen mag: Ihr Kind erwartet die Chance, seinen Fehler wiedergutzumachen. Der Begriff der »Buße« klingt angestaubt und antiquiert. Dennoch bezeichnet er genau das Richtige, nämlich das psychologisch korrekte Bedürfnis, sich durch eine bewusste und unbequeme Handlung von einer Schuld zu befreien. Geben Sie Ihrem Kind dabei die Möglichkeit, selbst zu überlegen, welche Buße es für angebracht hält, denn eine selbst gewählte Buße ist ungleich wirksamer als eine vorgeschlagene. Vermutlich wird Ihr Kind auf die Idee kommen, den Schaden, sobald es kann, mit seinem Taschengeld zu begleichen. Dieser Vorschlag ist gut und vernünftig, stellt er doch den ursprünglichen Rechtszustand wieder her. Wiegeln Sie dieses Angebot bitte nicht ab, etwa aus falsch verstandenem Mitleid! Wenn Sie Ihrem Kind die Chance der Wiedergutmachung nehmen, dann nehmen Sie ihm auch die Chance, sein Gewissen zu entlasten!

Nun zu diesem Nick: Sagen Sie Ihrem Kind, dass Sie den Vorfall zunächst mit seinem Lehrer besprechen müssten, um ihn zu informieren und sich Rat von ihm zu holen. Da sich die ganze Geschichte in der Schule ereignet habe, müsse die Schule auch darüber Bescheid wissen. Sie habe das Recht und die Pflicht, in solchen Situationen zu handeln. Für den Fall jedoch, dass Ihnen die Sanktionen der Schule nicht ausreichend erschienen, behielten Sie sich das Recht vor, selbst mit Nick und dessen Eltern zu sprechen.

Wenn Ihr Kind auf diese Ankündigung nicht gerade begeistert reagiert, sondern ein Gesicht zieht, bedenken Sie bitte Folgendes: Es ist möglich, dass Ihr Kind Angst davor hat, dass man die Sache aufklärt. Diese Angst speist sich aus der Furcht vor eventuellen Racheakten Nicks und seiner Freunde und möglicherweise auch aus der Befürchtung, als Petzer dazustehen. Wenn Letzteres der Fall ist, müssen Sie ein ernsthaftes Gespräch über den Unterschied zwischen Petzen und der notwendigen Information Erwachsener führen. Dabei muss es Ihnen gelingen, den zentralen Punkt deutlich herauszuarbeiten: Petzen und damit unerlaubtes Handeln liegt dann vor, wenn jemand zum eigenen Lustgewinn und ohne innere Not einen anderen anschwärzt. Etwa weil er schadenfroh ist oder weil er sich gegenüber den anderen einen Vorteil verschaffen und sich selbst in den Vordergrund stellen möchte. Wenn jedoch eine Notlage vorliegt, ein Konflikt, der so groß ist, dass man ihn mit den eigenen begrenzten Möglichkeiten nicht lösen kann, dann ist ein Sich-Anvertrauen niemals ein Petzen!

Kniffliger ist die Sache mit den befürchteten Racheakten. Sie kennen Nick nicht persönlich, aber wer zu solch gemeinen Erpressungen neigt, der ist möglicherweise auch noch zu anderen Dingen fähig. Sie können also keineswegs, so sehr Sie sich das auch wünschen, Ihr Kind diesbezüglich völlig beruhigen. Doch gerade deswegen ist es notwendig nicht klein beizugeben, sondern das Unrecht aufzuklären. Die Erfahrung lehrt: Jede Missetat, die ungesühnt bleibt, ermutigt den Täter weiterzumachen.

Strafe ist wichtig, auch für den Täter und seine moralische Entwicklung! Schweigt man aus Angst vor Racheakten, so macht man sich mitschuldig, wenn sich der Täter neue Opfer sucht. Ein allgemeineres Gesetz verpflichtet uns dazu, zu handeln, wenn Unrecht geschieht. Sagen Sie Ihrem Kind, Sie werden in dem Lehrergespräch auch diese seine Sorge artikulieren und den Lehrer bitten, Nick klipp und klar zu sagen, dass jede weitere Bedrohung – und sei sie noch so versteckt – ernste Konsequenzen bis hin zum Schulausschluss zur Folge haben wird.

In den Teppich gerollt

Ihre Kinder haben Freunde zu Gast, und sie spielen alle munter miteinander im Keller. Eigentlich ist alles wie immer, aber dennoch beschleicht Sie plötzlich ein eigentümliches Gefühl. Irgendetwas stimmt doch nicht! Sie lassen die Hausarbeit liegen und gehen hinunter in den Keller. Lachend stehen die Kinder im Kreis, während in ihrer Mitte ein zusammengerollter großer Teppich liegt. Aus dem Teppichrohr aber dringen leise, dumpfe Laute. Sofort stürzen Sie dazwischen und entrollen den Teppich. Japsend und nach Luft ringend liegt Ihre Tochter da, das Gesicht käseweiß und die Augen immer noch angstvoll geweitet.

Was tun?

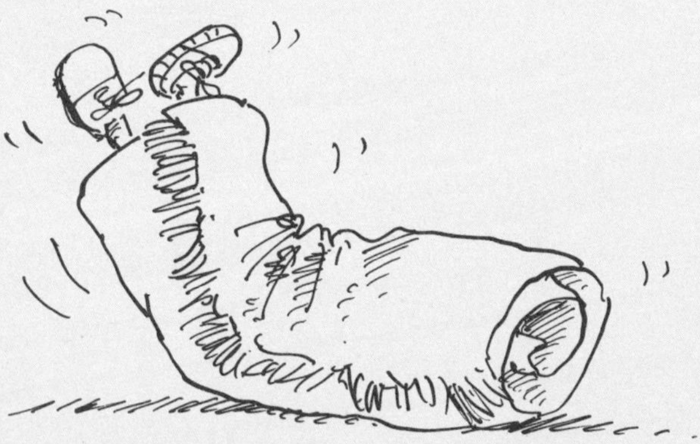

Ihre Tochter hat eine der schlimmsten Ängste durchlitten, die man sich vorstellen kann: die Angst vor dem Erstickungstod. Und diese Angst ist keinesfalls Einbildung gewesen! Beim Spiel mit dem Einrollen hat es tatsächlich schon Tote gegeben.

Kinder können sich das meist nicht vorstellen. Sie meinen, es gebe doch die Öffnung in der Teppichrolle. Durch sie werde schon genügend Luft hineinkommen. Ein tödlicher Irrtum! Das Teppichrohr verlängert lediglich das sogenannte »Totraumvolumen«. Dieser Begriff aus der Physiologie bezeichnet eine Luftsäule, die beim Atmen lediglich hin und her bewegt wird, aber keine Frischluftzufuhr ermöglicht. Als Ihre Tochter sich einwickeln ließ – ja, sie hat das in ihrer Unschuld selbst gewollt! –, da konnte sie zunächst durchaus noch frischen Sauerstoff atmen. Bald aber, mit jeder Ausatmung, füllte sie den winzigen Hohlraum mit dem abgeatmeten Kohlendioxid. Von Atemzug zu Atemzug nahm die Sauerstoffkonzentration ab und die Kohlendioxidkonzentration zu, säuerte sich dabei das Blut Ihres Kindes an, Schwindel und Atembeklemmung setzten ein.

Ihre Tochter wollte nur noch eins: raus hier! In der aufsteigenden Panik machte sie den Fehler, schneller und oberflächlicher zu atmen, wodurch sich wiederum die Atemnot verstärkte. In ihrer Not schrie sie verzweifelt um Hilfe, jedoch dämpfte der dicke Teppich die Schreie so sehr, dass die Spielkameraden sie nicht richtig ernst nahmen und dachten, das wäre nur ein Teil des lustigen Spiels. Die ohnmächtige, verzweifelte Angst steigerte sich bei Ihrer Tochter noch dadurch, dass sie weder Arme noch Beine bewegen konnte. Trotz heftiger Versuche blieb sie wie eingeschnürt.

Sie war kurz davor, das Bewusstsein zu verlieren. Wenn Sie ihr nicht zu Hilfe gekommen wären, dann wäre innerhalb von nur wenigen Minuten der Erstickungstod eingetreten. Gott sei Dank hatten Sie diese Eingebung! Nun scheint noch einmal alles gut gegangen zu sein! Das aber ist eine gefährliche Fehleinschätzung!

Ihre Tochter ist in hohem Maße gefährdet, ein langwieriges Psychotrauma als Folge des schlimmen Erlebnisses zu entwickeln. Ein typisches Symptom, das sich oft schleichend entwickelt, sodass man es häufig nicht mehr mit dem auslösenden Ereignis in Verbindung bringt, ist die Klaustrophobie. Die Klaustrophobie bezeichnet ja die spezifische Angst vor beklemmenden Situationen, die in einem mit Menschen überfüllten Raum, in einem Fahrstuhl, einer Seilbahnkabine oder auch in einem Flugzeug auftreten kann. Und diese Angst kann einen, wenn die Ursache nicht erkannt und therapiert wird, ein Leben lang begleiten und es in diesen Situationen zur Hölle machen.

Ausweichmanöver sind die Folge. Jede beengende Situation wird gemieden, ja, allein die Vorstellung einer solchen ruft Angst hervor. Manche Menschen ziehen sich sozial immer mehr zurück, lehnen jeden Kinobesuch ab, gehen in kein Konzert mehr, kaufen nur noch im Internet ein, um Kaufhäuser zu meiden. Die bitteren Konsequenzen kann man erahnen, zu denen Einsamkeit und Unverständnis der Umwelt gehören.

Was aber können Sie als Eltern tun, um Ihrer Tochter eine solche Entwicklung zu ersparen? Natürlich werden Sie sie zunächst trösten und ihr durch Ihre Nähe und Fürsorge Sicherheit und Schutz signalisieren. Danach aber beginnt die eigentliche Traumaarbeit. Die Notfallpsychologie spricht von einem »Debriefing«. Hierunter ist die hilfreiche Erinnerung an die durchlebte Situation zu verstehen. Lassen Sie sich zunächst erklären, wie die Idee mit dem Teppicheinrollen entstand. Ihre Tochter wird Ihnen berichten – und das wird schwerer für Sie auszuhalten sein als für Ihre Tochter –, wie sie sich mit angelegten Armen auf den Teppichrand legte und von den Freunden eingerollt wurde. Auch wenn ihr nun die Tränen kommen, unterbrechen Sie sie nicht beim Erzählen, sondern halten Sie sie nur ruhig im Arm.

Sie wird sich daran erinnern, dass ihr das Eingerolltwerden anfangs noch Freude gemacht, dass sie das immer gedämpfter klingende Lachen der Kameraden amüsiert hat. Erst, als sie spürte, wie eng und eingequetscht sie plötzlich war, und als sie merkte, dass die Luft immer schlechter wurde, hat sie zu schreien begonnen. Panik aber hat sie erst ergriffen, als niemand auf ihre Hilfeschreie reagierte, ja, als ihr klar wurde, dass ihre Schreie überhaupt nicht nach draußen drangen.

Während des Debriefings, dieser Nacherzählung des Traumas, können in abgeschwächter Form die gleichen Symptome auftreten wie in der zuvor erlebten Situation: Der Atem kann schneller gehen, das Herz zu rasen beginnen, Schweißperlen können auf die Stirn treten. Haben Sie keine Angst, dass hierdurch alles noch schlimmer wird! Das Gegenteil ist der Fall: Indem Sie durch Berührung und Nähe Wärme und Geborgenheit vermitteln, wird ein Einbrennen des erlittenen Traumas verhindert und Ihrer Tochter viel künftiges Leid erspart.

Plädoyer für den Schutzengel

Viel können Sie selbst tun, um Ihrem Kind in seelischen Notsituationen beizustehen, manchmal aber ist man auf Helfer angewiesen. Ein solcher Helfer kann auch der Schutzengel sein. Er kann für Sie einspringen, wenn Sie nicht da sind oder selbst ohnmächtig und hilflos einer Situation ausgeliefert sind.

Wie die anderen Engel auch ist der Schutzengel ein Himmelsbote, ein Mittler zwischen uns Menschen und den himmlischen Mächten. An einen Schutzengel glauben heißt also immer auch, einer höheren Macht zu vertrauen. Wir sehen unser Leben dann nicht als isoliert und zufällig, sondern in einen höheren Zusammenhang gestellt.

Manche Eltern zögern, ihren Kindern den Glauben an einen Schutzengel zu vermitteln. Eigene Glaubenszweifel sind hierfür sicherlich ursächlich, aber auch die Angst davor, das Kind könne sich zu sehr auf solch einen höheren Schutz verlassen und dabei unvorsichtig und wagemutig werden. Eltern, die wünschen, dass ihr Kind selbstständig wird und lernt, alleine zurechtzukommen, fürchten oft, dass der Glaube an den Schutzengel diese Autonomiegewinnung verzögert. Jedoch scheint eher das Gegenteil der Fall zu sein.

Der Schutzengel ist in gewisser Hinsicht nichts anderes, als es das Kuscheltier in einer frühen Lebensphase ist. Die meisten Kinder entwickeln ja eine nahezu magische Bindung an ein solches Objekt, das auch – wie bei Linus von den Peanuts – eine Schmusedecke sein kann. Kennzeichen aller dieser Gegenstände ist, dass sie weich und anschmiegsam sind. Von dem Psychologen Winnicot wurden sie als »Übergangsobjekte« bezeichnet – Übergangsobjekt deswegen, weil es die notwendige emotionale Ablösung von der ersten Bezugsperson, in der Regel die Mutter, nach dem ersten Lebensjahr erleichtert.

Das Übergangsobjekt übernimmt einen Teil der mütterlichen Funktionen, wie Wärme, Schutz und Geborgenheit zu spenden, gerade auch in Situationen der Angst, der Unsicherheit oder beim Einschlafen. Der Schutzengel ist quasi ein imaginiertes Übergangsobjekt, das den Vorteil hat, aufgrund seiner Unsichtbarkeit und Omnipräsenz überall und jederzeit in der Not zur Stelle sein zu können. Damit aber der Schutzengel diese Funktion auch wahrnehmen kann, muss das Kind zuvor den Glauben an ihn gewonnen haben.

Über nicht wenigen Kinderbettchen hing früher ein zugegebenermaßen oft recht kitschig anmutendes Bild eines Schutzengels. Fragen Sie einmal ältere Leute danach. Auch wenn ihr Gedächtnis schwächer geworden sein mag, an das Bild ihres Schutzengels werden sie sich noch genauestens erinnern können. Das ganze Leben hat es sie begleitet – so wirksam können Bilder sein.

Wenn Ihr Kind kein Schutzengelbild haben sollte, schenken Sie ihm unbedingt eins, und hängen Sie es so an die Wand, dass es, bevor seine Äuglein zufallen, das Bild des gütigen und wachenden Engels als letzten Eindruck des entschwindenden Tages mit sich nimmt. Durch seine allabendliche Anwesenheit wird der Schutzengel Ihrem Kind ein treuer Begleiter werden, ein schützender Geist, der es vor grausamer Panik und Einsamkeit bewahren kann.

Einführung in die Psychotraumatologie

Viele der in diesem Buch geschilderten Situationen erfüllen die Merkmale eines Traumas. Das Wort »Trauma« kommt aus dem Griechischen und bedeutet »Verletzung«. Ein Psychotrauma stellt also eine seelische Verletzung dar. Lange Zeit, noch bis weit in die Achtzigerjahre hinein, herrschte die Lehrmeinung vor, dass Kinder allerhöchstens mit flüchtigen und kurzfristigen Störungen auf ein erlittenes Trauma reagieren. Heute weiß man, dass dies leider keineswegs so ist. Traumata können lebenslange Narben in der kindlichen Seele hinterlassen. Und die Häufigkeit traumatisierender Erlebnisse ist nicht gering. In einer großen Bremer Jugendstudie aus dem Jahr 1999 stellte sich heraus, dass immerhin ein Viertel der befragten Jugendlichen bereits eine massiv traumatisierende Situation durchlebt hatte.

Welche Symptome zeigen traumatisierte Kinder?

Die Auswirkungen eines Traumas sind von Kind zu Kind sehr unterschiedlich. Dennoch gibt es eine Reihe von typischen Symptomen. Sehr häufig sind Schlafstörungen, meistens in Form von Schwierigkeiten in der Einschlafphase, aber auch quälende Albträume und ein allgemein unruhiger, wenig erholsamer Schlaf. Besonders die Einschlafstörungen sind häufig verbunden mit Ängsten vor der Dunkelheit und dem Alleinsein. Diese Ängste speisen sich zum großen Teil aus der bewussten oder unbewussten Furcht vor dem Wiederauftauchen der erlebten Traumabilder, ein weiteres typisches Merkmal eines durchlittenen Traumas.

Wieder und wieder drängen sich die Erinnerungen an die Schrecksituation auf, manchmal sind es nur einzelne, schlaglichtartige Bilder, manchmal läuft eine sich ständig wiederholende Filmsequenz vor unserem geistigen Auge ab. Fachleute bezeichnen solche Phänomene als »Flashback«. Tagsüber, bei genügend Ablenkung und Beschäftigung, lassen uns solche Schreckbilder oft in Ruhe. Abends aber, wenn wir allein sind, gibt die Dunkelheit die tagsüber verdrängten oder überlagerten inneren Bilder wieder frei. Mit erstaunlicher Macht schleichen sie sich vor unser inneres Auge.

Verbunden sind diese bösen Erinnerungen bei Kindern oft mit dem irrealen, aber als sehr stark empfundenen Gefühl, dass sich das Schreckensereignis tatsächlich zu wiederholen scheint. Das vegetative Nervensystem reagiert darauf wie in der Traumasituation selbst: Herzschlag und Blutruck steigen, ein Engegefühl schnürt den Hals zu, sie verspüren eine starke Beklemmung, zittern, frieren und schwitzen gleichzeitig. Treten Albträume auf, so ist deren Inhalt den Kindern oft nicht erinnerlich und spiegelt auch nicht zwangsläufig das Trauma eins zu eins wider. Oft sind die Albträume verschlüsselt oder verknüpfen Tageserinnerungen mit Traumabildern, was besonders verstörend wirken kann.

Aber auch während des Tages gibt es eine Vielzahl von Situationen, die quälende Erinnerungen hervorrufen können. Diese Situationen sind oft scheinbar nur nebensächlich mit dem Trauma verknüpft, ja, nicht selten haben sie mit dem Trauma nichts zu tun, sondern gingen dem traumatisierenden Ereignis nur zufällig voraus. So rief bei einem siebenjährigen Mädchen, das in einem verunglückten Auto saß, der Anblick von ›Bibi-Blocksberg‹-Büchern Panik hervor. Warum? Weil es im Auto eine Kassette mit den Abenteuern von Bibi Blocksberg gehört hatte, als der Unfall passierte.

Die Psychologie spricht von »traumarelevanten Erinnerungsreizen«. Solchen Erinnerungsreizen versuchen betroffene Kinder wenn irgend möglich aus dem Weg zu gehen. Dabei entwickeln sie oft erstaunliche Strategien. Allem, was nur im Entferntesten Erinnerungen an das Trauma wachzurufen vermag, wird ausgewichen. Dazu können auch Orte oder Menschen gehören. Alle Gedanken, Gefühle oder Gespräche, die mit dem Trauma in Verbindung stehen, werden gemieden. Bei jüngeren Kindern kann man allerdings gelegentlich eine völlig konträre Reaktion beobachten: Wieder und wieder stellen sie mit ihrem Spielzeug die traumatisierende Situation nach, ohne dass es hierdurch jedoch zu einer Bewältigung des Traumas im Sinne einer Katharsis käme.

Das ausgedehnte Vermeidungsverhalten hat manchmal erschreckende Konsequenzen und kann zu einer allgemeinen Abstumpfung der emotionalen Ausdrucksmöglichkeiten des Kindes führen. Es wird unfähig, in gleicher Weise wie früher Freude zu empfinden. Auch die Fähigkeit, zärtliche Gefühle zu entwickeln, nimmt ab, das Kind wirkt nun oft teilnahmslos oder abgestumpft. Manchmal zieht es sich wie in ein Schneckenhaus zurück, meidet Kontakte zu Gleichaltrigen und kann dadurch zum Außenseiter werden, obwohl es zuvor ein durchaus geselliges Kind war.

Bei anderen Kindern wiederum nimmt die Nervosität zu. Sie reagieren auf kleinste Reize, etwa eine zuschlagende Tür, mit heftigstem Erschrecken, werden auch motorisch unruhiger, zappeliger, reizbarer und können zu Wutausbrüchen neigen. Konzentrations- und Aufmerksamkeitsstörungen entstehen, sodass man sie nicht selten mit Kindern verwechselt, die ein ADS, ein Aufmerksamkeitsdefizit-Syndrom, zeigen. In der Folge verschlechtern sich nicht selten auch die schulischen Leistungen.

Regelmäßig nimmt auch das Selbstbewusstsein der betroffenen Kinder deutlich ab. Sie wirken unsicher und entscheidungsschwach, klammern sich wieder verstärkt an ihre Eltern, wollen nicht alleine bleiben, zeigen plötzlich wieder Verhaltensweisen wesentlich jüngerer Kinder, nässen oder koten wieder ein oder entwickeln eine kleinkindhafte Sprache. Die Entwicklungspsychologie spricht dann von einer »Regression«, einer Rückentwicklung.

Wenn viele der oben geschilderten Symptome zusammenkommen und länger als einen Monat anhalten, sprechen wir von einer posttraumatischen Belastungsstörung. Insbesondere bei Kindern können die geschilderten Symptome mit einer deutlichen zeitlichen Verzögerung auftreten, manchmal erst Wochen oder Monate nach dem Trauma. Dann ist es oft schwierig, den Zusammenhang mit der ursächlichen Situation zu erkennen und entsprechende Hilfen einzuleiten.

Bevor wir auf diese eingehen, befassen wir uns mit den Mechanismen, die bei einem Trauma in dem betroffenen Kind ablaufen.

Was passiert bei einem Trauma?

Wichtige Erklärungsmodelle stammen aus der jüngsten Hirnforschung. Eine zentrale Rolle spielt bei jedem Trauma ein Gehirnareal, das die älteren Anatomen an einen Mandelkern erinnerte, weshalb sie ihm den griechischen Fachterminus »Amygdala« gaben. Die Amygdala ist eine Ansammlung von Nervenzellen, die einen Teil des sogenannten »limbischen Systems« bilden, welches wiederum für die Verarbeitung von Emotionen verantwortlich ist. Die Amygdala steuert wesentlich unsere Angstreaktionen. Sie steht über Nervenleitungen in enger Verbindung zum Hypothalamus, einer wichtigen Schaltstelle zwischen dem Nervensystem und unserem hormonellen System.

Eine Hormonkaskade wird folgendermaßen in Gang gesetzt: Schickt die Amygdala elektrische Impulse zum Hypothalamus, wird das dort gespeicherte Corticotropin-Releasing-Hormon (CRH) in die Blutbahn ausgeschüttet. Das CRH wiederum setzt im Vorderlappen der Hirnanhangsdrüse ein weiteres Hormon, das ACTH, frei, welches seinerseits in der Nebennierenrinde Glucocortikoide (u.a. das Cortisol) freisetzt. Parallel dazu kommt es zur Ausschüttung von Katecholaminen aus dem Nebennierenmark (Adrenalin). Zusammen bewirken diese Stresshormone eine sofortige Umstellung des gesamten Organismus im Sinne eines Krisenmanagements: Es wird alles mobilisiert, was für eine plötzliche Flucht oder eine Abwehr der Gefahr benötigt wird. Energie wird bereitgestellt, der Blutzucker steigt, die Sauerstoffversorgung wird optimiert, dazu werden die Wachsamkeit und Reaktionsbereitschaft erhöht.

Diese Reaktionen stehen uns in der Akutphase eines Traumas zur Verfügung. Sie sind nicht pathologisch, sondern im Gegenteil höchst sinnvoll, ja, sie können lebenswichtig werden. Erst wenn dieses Regelsystem, das durch eine Vielzahl von Rückkopplungen auf allen Ebenen gesteuert und begrenzt wird, durch ein überstarkes Trauma aus dem Gleichgewicht gerät, kann es zu dauerhaften Veränderungen der Stressregulation kommen: das neurophysiologische Korrelat einer posttraumatischen Belastungsstörung. Will man zum Beispiel in einem Experiment die Ausschüttung von Nebennierenrindenhormonen bei einem traumatisierten Menschen künstlich herbeiführen, so kommt es bei diesem – im Gegensatz zum Gesunden – zu einer statistisch geringeren Ausschüttung von Cortisol.

In der Regel ist die Basiskonzentration des hypothalamischen Hormons CRH bei posttraumatischen Patienten erhöht, ein weiteres Zeichen dafür, dass der Regelkreislauf dauerhaft gestört ist. Man spricht in so einem Fall von einer »negativen Feedbacksensibilität«. Eine Verminderung der natürlichen Cortisolkonzentration aber kann zu erhöhter Reizbarkeit, zu Angst, Depressionen und Müdigkeit führen.

Neben diesen hormonellen Fehlfunktionen zeigen moderne Untersuchungsverfahren, mit denen man die Gehirnaktivitäten lokal differenzieren kann, dass durch ein Trauma auch neuroanatomische Veränderungen möglich sind. Für das Verständnis von Traumata ist es interessant zu wissen, dass eines unserer wichtigsten Sprachzentren, das Brocaareal, in seiner Aktivität deutlich gehemmt wird. Hierdurch wird erklärlich, warum traumatisierte Kinder, aber auch betroffene Erwachsene das Ereignis oft nur schwer mit Worten beschreiben können, ja, oft regelrecht sprachlos wirken. Die Amygdala hingegen – Sie erinnern sich, das mandelförmige Kerngebiet, welches auch für die Speicherung hochemotionaler Bildeindrücke zuständig ist – wird durch ein Trauma maximal stimuliert. Und tatsächlich verhält es sich so, dass die bildhafte Wiedergabe, das Malen eines traumatischen Erlebnisses, vielen Menschen erstaunlich gut gelingt.

Erschreckend sind Ergebnisse von Studien an erwachsenen Traumaopfern, die zeigen, dass eine weitere wichtige Zwischenhirnregion, der Hippocampus, im Vergleich zum Gehirn gesunder Kontrollpatienten ein bis zu 26 Prozent kleineres Volumen aufweist. Der Hippocampus aber ist wichtig bei allen Lern- und Gedächtnisprozessen, er ist also insbesondere beim heranwachsenden Kind von eminenter Bedeutung. Eine Schrumpfung des Hippocampus kann klinisch bedeutsame Aufmerksamkeits- und Konzentrationsstörungen hervorrufen und die Speicherkapazität des Gedächtnisses reduzieren, Symptome, die man bei einer Vielzahl traumatisierter Kinder auch tatsächlich findet.

Eine Verletzung kann prinzipiell durch zwei verschiedene Mechanismen entstehen. Nehmen wir ein Beispiel aus der Orthopädie. Eine Verletzung im Kniegelenk, etwa ein Meniskusschaden, kann die Folge eines einmaligen Ereignisses, etwa eines Sturzes beim Skifahren sein. Ein Meniskusschaden kann aber auch durch eine chronische Fehlbelastung entstehen. Dann sind zahlreiche Mikrotraumen die eigentliche Ursache. Solche Mikrotraumen erleiden auch häufig Bauarbeiter, die mit Presslufthämmern arbeiten. Die einzelne Erschütterung macht dem Knochen nichts, aber deren

Häufigkeit kann bis hin zu Knochennekrosen führen. Analog verhält es sich bei seelischen Verletzungen.

Neben isoliert dastehenden Traumata, wie etwa nach einem Autounfall oder einem Banküberfall, welche nach einer gängigen Klassifikation als »Typ-1-Traumata« bezeichnet werden, gibt es eine andere Form von seelischen Verletzungen, welche durch nicht so dramatische, aber sich ständig wiederholende Ereignisse bedingt werden. Solche Traumata werden als »Typ-2-Traumata« bezeichnet. Die ständige Konfrontation mit einem alkoholkranken Vater, der im Rausch daheim randaliert, kann ein solches Trauma zur Folge haben, aber auch Kinder, die regelmäßig geschlagen werden, haben ein hohes Risiko für ein Typ-2-Trauma. Bei Kindern in Scheidungsfamilien sehr häufig geworden sind Belastungen durch den ständigen Bezugswechsel zwischen Mutter und Vater, welcher bei sensiblen Kindern trotz großer Bemühungen der Eltern zu einem Trauma führen kann.

Glücklicherweise muss aber nicht jedes grausame Erlebnis auch zu einem Trauma im engeren Sinne werden. Untersuchungen nach Massenkatastrophen wie Zugunglücke oder Erdbeben, bei denen auch zahlreiche Kinder unter den Opfern waren, haben gezeigt, dass nur ein geringer Prozentsatz bleibende seelische Störungen etwa in Form einer posttraumatischen Belastungsstörung entwickelt. Wovon aber hängt es ab, ob bei einem Kind ein Trauma entsteht? Mit dieser Frage beschäftigt sich die Pathogenese, die Lehre von der Entwicklung einer Erkrankung oder Störung.

Wann entwickelt sich ein Trauma?

Drei verschiedene Faktoren, die miteinander in Zusammenhang stehen, beeinflussen die Traumaentstehung entscheidend:

- Art und Ausmaß des Ereignisses
- individuelle Merkmale des betroffenen Kindes
- Reaktionen des sozialen Umfeldes

Dass die Wahrscheinlichkeit einer seelischen Verletzung von Art und Ausmaß eines traumatischen Ereignisses abhängt, erscheint uns einleuchtend. Der Sturz von einer Schaukel wird mit hoher Wahrscheinlichkeit nicht die gleichen Folgen hervorrufen wie ein schwerer Autounfall. Dennoch ist der Zusammenhang keineswegs so eindeutig, wie es den Anschein hat. Untersuchungen haben ergeben, dass weniger das objektive Ausmaß eines Unglücks entscheidend für seine traumatogene Wirkung ist als vielmehr die subjektive Bewertung durch den Betroffenen. Das heißt, wie wir selbst das Unglück wahrnehmen und in seiner Bedrohung interpretieren ist entscheidend, nicht der tatsächliche Grad der Bedrohung selbst.

Bei Kindern ist dieses Phänomen noch ausgeprägter, da sie aufgrund ihrer geringeren Lebenserfahrung solche Einschätzungen noch schwerer vornehmen können. So können sie beispielsweise massiv erschrecken, wenn bei einem Picknick eine aufgeschreckte Blindschleiche sich plötzlich auf sie zu bewegt, während sie im Zoo, ohne sich etwas Böses dabei zu denken, an einen Löwenkäfig herantreten würden, um ein Löwenbaby streicheln zu wollen. Auch die Gefahr eines herannahenden Autos schätzen jüngere Kinder häufig gering ein, wodurch besondere Vorsichtsmaßnahmen notwendig werden.

Alter und Entwicklungsstand sowie individuelle Persönlichkeitseigenschaften und Vorerfahrungen des Kindes sind wichtige Variablen, die eine Traumaentwicklung beeinflussen. Sehr kontrovers wird von der Wissenschaft diskutiert, ob jüngere oder ältere Kinder anfälliger sind. Manche Forscher sind der Ansicht, dass jüngere Kinder aufgrund ihrer noch nicht gefestigten Persönlichkeit besonders traumagefährdet sind. Andere sehen in dem jungen Alter und in einer noch nicht stattgefundenen Sprachentwicklung sogar einen Schutz, weil potenziell traumatische Erlebnisse noch nicht als solche interpretiert werden können. Einigkeit herrscht jedoch weitgehend darüber, dass Mädchen durchschnittlich häufiger an Traumafolgen leiden. Aus Untersuchungen an erwachsenen Traumaopfern weiß man, dass niedrige Intelligenz und mangelhafte Ausbildung sowie seelische Störungen in der Familie und Misshandlungserfahrungen die Prognose weiter verschlechtern. Ob dies auch bei Kindern der Fall ist, muss noch näher untersucht werden.

Ein alles überragender Einflussfaktor ist nach Sichtung sämtlicher verfügbarer Studien jedoch die Reaktion der unmittelbaren Umgebung. Besteht nach einem traumatischen Erlebnis ein Mangel an Unterstützung durch Familie oder Freunde oder andere Ersthelfer, so steigt das Risiko, eine seelische Störung zu entwickeln, dramatisch, ja, der negative Einfluss eines Mangels an sozialer Unterstützung übertrifft sogar deutlich den Einfluss aufgrund des Schweregrads des Unglücks. Andersherum ausgedrückt: Ist die Hilfe für ein Traumaopfer prompt, zuverlässig und kompetent, kann die Prognose für ein betroffenes Kind stark verbessert werden. Es liegt also wesentlich an uns und unserem Verhalten, wie ein Kind ein Trauma verarbeitet.

Spezielle Hinweise auf mögliche Hilfen in Traumasituationen haben wir Ihnen in diesem Ratgeber gegeben. Allgemein gilt, die drei großen »Z« der Erziehung tun gerade hier ihre Wirkung: Zeit, Zuneigung und Zärtlichkeit. Jedes traumatisierte Kind sehnt sich nach der Nähe und Wärme seiner Eltern, möchte in den Arm genommen, festgehalten und gestreichelt werden, verlangt nach Schutz, Geborgenheit und Trost.

Auch Rituale sind hilfreich, eben weil sie rasch und ohne großes Nachdenken eingesetzt werden können. Viele Mütter haben daheim stets ein Fläschchen mit Rescue-Tropfen, Bachblüten oder eine homöopathische Medizin griffbereit, die in Notfällen aller Art helfen soll. Manche haben das Mittel sogar ständig in der Handtasche dabei. Abgesehen davon, dass ihre Wirkung nicht bewiesen ist, hat eine solche Notfallmedikation ihren Sinn und ihre Bedeutung trotzdem dadurch, dass sie in einer Krisensituation helfendes Handeln ermöglicht und damit beruhigend auf Eltern und Kind zugleich wirkt.

Aber auch im Vorfeld können wir helfen, indem wir unsere Kinder auf potenziell kritische Situationen vorbereiten. Denn – auch das haben Untersuchungen gezeigt – das quälende Gefühl der eigenen Hilflosigkeit angesichts eines Unglücks macht das Trauma erst aus. Je mehr es uns gelingt, unsere Kinder in die Lage zu versetzen, sich selbst zu helfen, desto geringer ist die Gefahr dieser lähmenden Passivität. Es ist also keinesfalls sinnvoll, den Kindern zu vermitteln, die Welt sei heil und völlig ohne Gefahren. Jedoch sind Hinweise auf mögliche Gefahrenquellen nur dann sinnvoll, wenn sie verbunden werden mit der Schilderung von Möglichkeiten, wie man einer solchen Gefahr begegnet.

Immer muss ein Lösungsweg angeboten werden. Es ist keineswegs damit getan, Kinder auf die Gefahren des Umgangs mit offenem Feuer hinzuweisen und ihnen zu verbieten, ohne Aufsicht eine Kerze anzuzünden. Eine Pädagogik, wie sie im »Struwwelpeter« verbreitet wurde, mit dem verbrennenden Mariechen als warnendem Schreckensbild, mag eindrucksvoll sein, hinterlässt aber außer einer abschreckenden Wirkung nur ein tiefes Gefühl der Hoffnungslosigkeit. Machen Sie es anders. Bringen Sie Ihren Kindern möglichst konkret bei, was im Falle eines Feuers zu tun ist (das ja nicht unbedingt durch Ihre Kinder entstanden sein muss!). Am besten und einprägsamsten ist, Sie spielen mit ihnen einen solchen Notfall wie eine Feuerschutzübung durch.

Natürlich können Sie nicht sämtliche denkbaren Unglückssituationen mit ihnen durchgehen. Deshalb ist es durchaus sinnvoll, den Kindern auch allgemeine Verhaltensmöglichkeiten mit auf den Weg zu geben, etwa im Falle eines Unglücks Hilfe zu holen, die Eltern zu informieren, deren Handynummer zu wissen etc. Wenn Sie religiös sind, kann auch das Erlernen eines Schutzgebetes eine nicht zu unterschätzende Hilfe sein. In einer Extremsituation gesprochen, in der das Kind ohne Ihre Hilfe ist, kann es der grausamen Hilflosigkeit entgegenwirken und kann darüber hinaus durch die Vermeidung einer gefährlichen Panikreaktion vor Traumatisierung schützen, weil es Ihrem Kind hilft, nicht den Kopf zu verlieren. »Da hilft nur noch beten!« – dieser oft fälschlich fatalistisch benutzte Spruch ist traumatherapeutisch betrachtet gar nicht falsch.

Auf Ernstfälle vorbereitet soll das Kind sein, und dies ist eine der wesentlichen Aufgaben von Erziehung. Zur Vorbereitung dienen in hervorragender Weise auch Geschichten und Märchen, insbesondere die Volksmärchen, weil sie durch ihre Bilderfülle ein kindgerechtes und zugleich eindrucksvolles Medium sind. Haben Sie schon einmal darauf geachtet, in wie vielen Märchen ein Kind im Mittelpunkt steht, das plötzlich eine Traumasituation ohne elterliche Hilfe meistern muss? Das Aschenputtel ist ein solches Kind, dessen Mutter plötzlich stirbt und dessen Vater keine Zeit oder kein Interesse für es hat, sodass es nach dem Todeserlebnis alleine klarkommen muss. Oder denken Sie an Hänsel und Gretel, wie sie ganz auf sich gestellt schlimmste traumatische Situationen zu bewältigen haben, angefangen vom Ausgesetztwerden im Wald bis hin zur Konfrontation mit der Menschen fressenden Hexe. Oder an die Müllerstochter im Rumpelstilzchen, die, weil sie Stroh nicht zu Gold spinnen kann, wie es ihr eitler Vater behauptet hatte, sich aus größter Gefahr befreien muss.

Die Liste dieser Beispiele wäre beliebig fortsetzbar. Märchen faszinieren Kinder eben auch, weil sie spüren, dass sie viele wichtige Botschaften für sie enthalten. Die wohl wichtigste ist: Auch wenn du in eine schier ausweglose Situation gerätst, sei nicht verzweifelt, Hilfe ist möglich und in dir stecken mehr Fantasie und Tatkraft, als du es selbst vielleicht vermutest. Der immer gute und gerechte Ausgang der Märchen bestärkt die Kinder in diesem Glauben.

Bietet ein Trauma auch Chancen?

Diese Frage mag Ihnen merkwürdig vorkommen. Nachdem wir uns intensiv mit den Folgen von Traumata und ihrer Verhütung beschäftigt haben, sollten wir aber nicht übersehen, dass der Umgang mit belastenden Ereignissen auch viele positive Aspekte beinhalten kann.

Der erste und naheliegendste Aspekt ist der des Schutzes vor neuen Gefahren. Ein Beispiel: Im Haus meiner Schwiegereltern, welche in Niederbayern auf dem Lande wohnen, gab es immer auch Katzen. Sie alle aber starben bereits nach wenigen Wochen oder Monaten. Der Grund dafür war eine direkt am Haus vorbeiführende Kreisstraße. Trotz ihrer hervorragenden Wahrnehmungsleistungen – ihres ausgezeichneten Gehörs, dem nicht das kleinste Mäuserascheln entgeht, und ihrer selbst in dunklen Nächten noch sehenden Augen – wurden sie alle binnen kurzem von vorbeifahrenden Autos erfasst und überfahren. Nur einer Katze erging es anders. Fast zwanzig Jahre wurde sie alt.

Wie kam das? Was unterschied diese Katze von ihren unglücklichen Kameraden? Hatte sie schärfere Augen, ein noch besseres Gehör? Nein! Auch sie konnte die Gefahren der rasch heranbrausenden Autos nicht einschätzen, auch sie wollte als kleines Kätzchen noch schnell über die Straße auf den gegenüberliegenden Acker huschen, wo die zahlreichen Feldmäuse wohnen, und wurde von einem Auto erfasst. Sie hatte jedoch Glück und überlebte. Das Trauma aber brannte sich in ihr Katzengedächtnis ein (auch Katzen verfügen, wie alle höheren Lebewesen, über eine Amygdala!) – niemals wieder sollte sie diese Situation vergessen. Und aus Schaden wurde sie klug: Fortan überquerte sie die Straße nur noch, wenn garantiert kein Motorengeräusch zu vernehmen war.

Wir sehen, die Tatsache, dass ein traumatisches Ereignis uns lebenslang begleitet, ist per se nicht krankhaft, sondern dient unserem Schutz. Die Natur hat hier einen Mechanismus konstruiert, ohne den es die Menschheit vielleicht schon nicht mehr gäbe.

Neben dieser elementaren Funktion beinhaltet der traumatische Prozess noch andere wichtige Chancen. Kommt es im Anschluss an ein Trauma zu der notwendigen Hilfe und Unterstützung durch Eltern und Freunde, so intensivieren sich hierdurch die menschlichen Beziehungen in oft ergreifender Weise. Niemals werden wir es einem Menschen vergessen, dass er uns in großer Not geholfen hat! Diese Intensivierung, das hellere Aufleuchten der Gefühle, kann zu einer neuen Lebensqualität führen, kann das Vertrauen und die Bindung der Kinder zu den Eltern verbessern helfen. Aber auch wir Eltern können profitieren: Unsere Elternliebe wird vital verstärkt, wenn wir gemeinsam eine traumatische Situation positiv überwinden. Die Zuneigung zu unseren Kindern, welche uns im Alltagstrott manchmal abhanden zu kommen scheint, erfährt hierdurch eine Neubelebung. Wesentliche Dinge kommen uns plötzlich wieder wesentlich vor, während Nebensächliches uns wieder nebensächlich erscheint.

Selbst in der Konfrontation mit lebensbedrohlichen Situationen liegt eine Chance. Die Bewusstwerdung, dass unser Leben stets gefährdet ist, ja die Tatsache unserer Sterblichkeit überhaupt, die wir doch so oft verdrängen, kann im positiven Sinn dazu führen, dass wir uns mit der Bedeutung unseres Lebens wieder auseinandersetzen und darüber hinaus auch über den Tod nachdenken. Nahezu zwangsläufig stellt sich uns und unseren Kindern dann auch die Frage nach dem Glauben an Gott, und dies mit einer solchen Eindringlichkeit, dass wir eine neue Glaubenstiefe erreichen können.

Hierdurch kann auch eine neue Freude am Leben entstehen. Dinge, die uns lange selbstverständlich waren, sodass wir sie kaum mehr wahrgenommen haben, erlangen wieder unsere Aufmerksamkeit. Wir können uns wieder an vielem erfreuen, das wir sonst zu übersehen gewohnt waren: am Lächeln eines Kindes, am Glanz der Sonne nach einem Regenguss, am Singen einer Amsel. Wir sind mit einem Mal wieder sensibilisiert für das Geschenk des Lebens, sind vielleicht dankbarer als zuvor und auch geduldiger und demütiger.

SES GRIFFES ET SES CROCS

SES GRIFFES ET SES CROCS